人文社科

高校学术研究论著丛刊

英语语言学理论指导下的大学英语教学改革探索

徐翠萍 著

中国书籍出版社
China Book Press

图书在版编目 (CIP) 数据

英语语言学理论指导下的大学英语教学改革探索 / 徐翠萍著 . -- 北京 : 中国书籍出版社 , 2020.6

ISBN 978-7-5068-7849-4

Ⅰ . ①英… Ⅱ . ①徐… Ⅲ . ①英语 – 教学改革 – 研究 – 高等学校 Ⅳ . ① H319.1

中国版本图书馆 CIP 数据核字（2020）第 084037 号

英语语言学理论指导下的大学英语教学改革探索

徐翠萍 著

丛书策划 谭 鹏 武 斌
责任编辑 毕 磊
责任印制 孙马飞 马 芝
封面设计 东方美迪
出版发行 中国书籍出版社
地　　址 北京市丰台区三路居路 97 号 (邮编：100073)
电　　话 （010）52257143（总编室）（010）52257140（发行部）
电子邮箱 eo@chinabp.com.cn
经　　销 全国新华书店
印　　刷 三河市铭浩彩色印装有限公司
开　　本 710 毫米 ×1000 毫米 1/16
印　　张 15.75
字　　数 278 千字
版　　次 2021 年 1 月第 1 版 2021 年 1 月第 1 次印刷
书　　号 ISBN 978-7-5068-7849-4
定　　价 76.00 元

目 录

第一章　绪　论

语言历史的研究，包括对语言的起源、发展以及对语言发展的原因、特点等方面的探索。本章作为开篇，重点介绍语言的起源、发展、定义、分类、特征、功能，从而帮助读者对语言这一专业术语有一个基本的了解。

第一节　语言的起源与发展

语言是以人群共同体为单位而各自约定俗成的系统，不同的人群必然产生出互不相同的语言，不同的人群因其所具有的不同的生理和文化特征而形成不同的民族时，语言的差异也成为民族之间互相区别的最重要特点之一。部分观点认为，语言是思维的外壳。我们对自身以及外在世界的思考与认知是借助语言而完成。语言不仅帮助人们传递信息交流思想，也是思维工具，参与并体现人们的思维。可见，语言的产生与发展对人类产生着重要的影响。

一、语言的起源

语言学家所掌握的证据已经证明，语言是先有口语而后才有书面语的，但最初的口语又是如何产生和形成的呢？语言的起源是什么？我们知道，在录音机等声音录制工具出现以前，人们只能凭借保存下来的书面资料对语言进行研究，这就直接导致人们无法对书面语出现以前的语言即口语进行研究。因为无据可依，在这一问题上一直存在种种假说，比较常见的主要有神授说、拟声说、拟象说等。

（一）神授说

早期的人类在面对他们无法做出合理解释的种种自然之谜时，往往将其归因于神灵的力量。在面对语言起源这一难题时，人们也同样诉诸神灵，认为包括人在内的世间万物都是某种神力的创造，而人的语言理所当然地也是神力的恩赐。

因而，在大多数宗教中都存在某种神力授予人们语言或创造语言的描述。例如，在《旧约·创世纪》中，上帝创造了人类的祖先亚当和各种飞禽走兽，而后将这些动物带到亚当面前由他命名；在中国古代神话中有女娲造人、仓颉造字的传说；在埃及人们则相信语言是由纳布（Nabu）神创造的等。

（二）拟声说

与神授说相对立的另一种假说则认为语言的开端始于“自然之声”。按照声源的不同，语言学家分别提出了三种不同的理论。

第一种是“汪汪理论”，即早期的人类通过模仿周围自然界的声音形成最初的语言，这一假说为语言中存在的拟声词如cuckoo，hiss，rattle等提供了解释。

第二种是“呸呸理论”，该理论认为最初的语言源于人类在感受到疼痛、愤怒、快乐等情感时发出的声音，如Ouch!Ah!Hey!等感叹词。

第三种理论则被称作“唷嗨嗬理论”，该理论认为人类在参与某项集体劳作时，为了保持动作的协调一致而发出的有节奏的号子声被认为是语言的起源。

以上三种理论都在一定程度上揭示了语言中存在的音义对应关系，如cuckoo一词就是人类通过模仿布谷鸟的叫声来指代“布谷鸟”这一事物,而人们在感受到疼痛时自然而然发出的ouch声,也被用来指代“疼痛”的感觉。虽然这些理论都具有一定的解释力,但毕竟语言中的拟声词以及感叹词数量有限,因此拟声说具有极大的局限性。

(三)拟象说

拟象说不同于拟声说,它将语言的起源归因于对自然物象而非声音的模拟。其中一种观点认为,人类最初是借助一系列的身体语言(如手势、面部表情等)来进行沟通的,逐渐地,舌头、嘴唇等发音器官模拟那些肢体表意动作并发出声音,从而产生了真正的语言。换言之,口腔发音动作是对身体语言的复制,因此被称作口腔手势说。但是我们很难想象一个人在发音时其口腔动作会与其身体语言有什么相似之处,因而该理论听起来有些古怪。

另一种观点则提倡口型拟象说,认为语言是人类对所目击或想象的普遍意义上的物象的模拟。陈澧在《东塾读书记·小学》中讲道:“盖天下之象,人目见之则心有意,意欲达之则口有声。意者,象乎事物而构之者也;声者,象乎意而宣之者也。……如‘大’字之声大,‘小’字之声小,‘长’字之声长,‘短’字之声短。”

二、语言的发展

英语语言的发展经历了一个漫长的时期,大致包括以下三个阶段:古英语时期(公元450年—公元1066年);中古英语时期(公元1066年—公元1450年);现代英语时期,包括前期(公元1450年—公元1700年)与后期(1700年至今)。

(一)古英语时期

英语起源于5世纪,一直到7世纪才有文字记载。公元597年,盎格鲁-撒克逊人皈依了基督教,这对盎格鲁-撒克逊人而言具有重要的意义。这使他们在宗教信仰上有了依托,同时使他们可以重新接触古罗马文明的遗产。英国在其历史开始之时就划分为几个独立的王国。皈依基督教之后的一个世纪中，诺森比亚（Northumbria）可以说是最发达的王国。到了公元700年，诺森比亚已出现欧洲最发达的文明，被一些历史学家称为“诺森比亚文艺复兴”，这在欧洲历史上是最早的一次文艺复兴。在该时期，古英语中最优秀的文学作品产生，著名的史诗《贝奥武甫》（*Beowulf*）也包括在内。

诺森比亚在8世纪时开始逐渐衰落，文明的中心也随之转移。随后，麦西亚（Mercia）王国成为文明的中心。又过了一个世纪，文明的中心转移到维塞克斯（Wessex）地区，这是西部撒克逊人的一个王国。这一时期，西部撒克逊人最著名的一个国王是阿尔弗雷德大帝（Alfred the Great），他在位于9世纪后半叶。他不仅仅是一位军事家与统帅，同时是一位积极的知识倡导者与传播者，他组织并参与了很多书籍的翻译活动。在此期间，诺森比亚文学被记载下来。

阿尔弗雷德在军事领域的贡献是成功地遏制了北欧海盗的入侵。在9世纪与10世纪里，斯堪的纳维亚人开始对英伦本土入侵。公元886年，斯堪的纳维亚的一支军队在英格兰的东部海岸登陆。他们的进攻几乎没有遇到任何抵抗，除了阿尔弗雷德大帝领导下的威塞克斯王国，双方在多年征战之后达成一项和平条约。该条约将英格兰由西北到东南画了一条线，斯堪的纳维亚人管辖界限以东的地区，威塞克斯则统治界限以西的地区，这使得相当数量的斯堪的纳维亚语成分进入英语。英语中借自斯堪的纳维亚语的词有很多，如take，scant，egg，village，1eg，sky，they，them，their等，这些词经过长时间的发展逐渐变为标准英语的一部分。

（二）中古英语时期

公元1000年到公元1200年，英语的结构有了很大的变化，这些变化的产生与诺曼底人对英国的征服有关。诺曼底人最初来自斯堪的纳维亚，10 世纪初，他们定居于法国北部，使用的语言是法语，随后实力逐渐雄厚，成为称霸一方的王国，具有比较高的文明。公元 1066 年，诺曼底人在征服者威廉公爵的率领下渡过英吉利海峡，开始主宰英格兰。自此之后的几百年中，英国都由说法语的国王统治。

诺曼底人征服英国后，法语并没有完全取代英语。当时，法语主要是宫廷、贵族以及上流社会所使用的语言，但是人民大众依然使用的是英语。虽然法语并未成为英国的国语，但是诺曼底征服之后英语发生了很大的变化。早在公元 1066 年之前，英语语言中的名词、形容词的格表现出明显的简化倾向，人们在表达意思的过程中主要依赖的是词序、介词。语音系统的改变对这一过程的发展具有促进作用，由于发生了一定的改变，很多单词词尾的发音听着都很相似。

此外，诺曼底人的征服对英语词汇产生了很明显的影响。在一百多年以前，很多人都不再将法语作为其本族语，但是即使到现在，法语依然被视为一种高雅、文明的第二语言。在交谈过程中，如果谈话者偶尔加入几个法语用语，就表明这个人具有十分渊博的知识，行为举止也非常优雅。可以说，从法语中传入英语的词语有很多，下面列举其中几种。

（1）与娱乐有关的词。例如：

music 音乐

dance 跳舞

chess 象棋

（2）与家务有关的词。例如：

towel 毛巾

chair 椅子

curtain 窗帘

（3）与学术有关的词。例如：

stomach 胃

logic 逻辑

surgeon 医生

(4)与颜色有关的词。例如:

scarlet 大红

blue 蓝色

(5)与政府有关的词。例如:

government 政府

parliament 议会

tax 税收

(6)与食物有关的词。例如:

cream 奶油

beef 牛肉

mutton 羊肉

这些法语词在公元 1100 年至公元 1500 年之间涌入英语。很多人掌握的法语词甚至多于英语词,但是这并不意味着法语取代了英语。英语依然是英语,只是在语音与语法结构方面受到一定的冲击。英语依然是词汇的核心,英语中如代词、介词、助动词、连结词等使用频率较高的词也没有被外来词取代。当时的中古英语依然属于日耳曼族语言,但是在语言系统与语法方面发生了很多的改变,与古英语有所不同。在这一时期,英语主要依靠词序与结构词来进行表达,较少使用格的系统与屈折形式。

(三)现代英语时期

现代英语时期又可以分为以下两个阶段。

1. 现代英语前期

公元 1400 年至公元 1600 年之间,英语在语音上发生了重大的改变,具体有以下两种变化。

(1)英语主要元音音变。重读音节中一些元音产生了一系列音变,即长元音的上移与不能再上移的两个最高元音变为二合元音(俗称双元音)。例如,he, mom 在中古英语中分别读作 /hei/,

/mu：n/。这次音变对英语中所有带有这些元音的词都产生了直接影响。

（2）省略了非重读音节词尾的元音。例如，在乔叟时代，wine，name，stone 等都是双音节词，但到莎士比亚时期就变为单音节词，其中的元音 e 变为不发音的元音。这些词的变化对英语中的很多词都产生了影响，同时使英语有了新的改观。

上述这两次变化使中古英语与现代英语之间产生了很大的差别。除此之外，印刷术也对英语的发展具有一定的影响。印刷术是由威廉克·卡斯顿于公元 1475 年引进英国的。在此之前，书籍十分昂贵且数量不多。印刷术的引进使书籍变得廉价，数量自然也增多了，这使得更多的人学会了读书、写字。虽然印刷术主要是对书面语而不是口语产生影响，但对语言的统一具有积极的促进作用。此外，印刷术对拼写的规范化也起着推动作用。

16 至 17 世纪，现代英语前期正值英语文艺复兴时期。在这一时期，人们既对过去具有极大的兴趣，同时又对未来进行积极探索，因此出现了百家争鸣的局面。新的语言随着新思想的出现而产生。诺曼底征服使英国人习惯了从法语中借用词汇，现在他们开始引入希腊词和拉丁语。大量的古典语言词汇不断涌入英语中，如 exist，bonus，anatomy，benefit，scene，climax 等。

莎士比亚是现代英语前期中影响最大的作家。其中，以公元 1611 年出版的钦定本《圣经》最为有名。当时以及现在的人们从莎士比亚的作品以及这本书中可以对现代英语的特点有一个清晰的认识，虽然这些特点在现代英语语言与文字中已不再使用，但是常出现于《圣经》引文与祈祷文中。

2. 现代英语后期

1770 年后，英语所在民族的语言发展史上出现了各种事件，18 世纪初试图对英语进行调整与控制的尝试就是其中一个重要的事件。18 世纪时，人们对影响语言的因素了解得并不透彻，有人提议对英语进行完善、删节以及限制。人们讨论要成立一个专门的研究院，规定如何运用英语，虽然最后研究院并没有成立，却使人们改变了对英语的态度。在尝试对英语进行规范的基础上，人们编制并出版了词典。世界上第一本英语词典在1603年出版，其中共包括2 500个单词。后来，很多词典相继问世，并且不断有所改进。

1755年，塞缪尔·约翰逊（D. S. Johnson）的《英语词典》出版，这本词典持续修订和再版，在英国流行了约100年。美国诺亚·韦伯斯特的《韦伯斯特英语大词典》于1828年出版。19世纪，《牛津英语大词典》出版，这本词典共有12卷。

18世纪时期，还有一个比较重要的事件是产生了英语语法，此时英语作为一门学科已经取代了拉丁语的地位，人们认为英语也可以进行控制与分解，就如同拉丁语一样，可以分析和论证英语的语法层面。因此，拉丁语法便被引入英语，附着在英语上。由于英语与拉丁文是两种截然不同的语言，因此这样做是不正确的。英语有其自身的符号、形式以及表达方式。尽管如此，拉丁模式的英语语法依然被建立起来，同时在学校中被教授。现在依然有很多学校开设语法课，即使学生并不太喜欢。从逻辑上来看，这一训练有时是有趣的、有意义的。语法倾向于保持英语的结构，并且使其保持相对稳定，这是语法的主要缺点。英语民族的不断扩展可能是现代英语发展的最重要因素。在1500年，英语只是一个小岛上几个民族使用的语言，现在则是世界上最重要的一种语言。

现在的英语有多种类型，如英式英语、美式英语、澳大利亚英语、印度英语等，它们之间存在很大的差异。当今世界，由于人与人之间的交流越来越快捷、方便，这种差异越来越受到重视。

第二节 语言的定义与分类

人生活在语言的世界里，语言赋予世界以“意义”。人可以通过语言来完成某些行为，而不必事必躬亲。语言存在于人类具体使用语言的过程中，这一过程就表现为交际行为。简言之，语言是伴随着具体的交际行为出现在我们的面前的，语言是完成某种特定行为的语言，只有意识到这一点，人们才能真正意识到语言自身所具有的价值。借助于语言，人类构建了一个超出其生存环境的符号世界，正是在这个世界中，人类获得了空前的自由，从而不再受制于环境的束缚。本节就来论述语言的定义与分类。

一、语言的定义

（一）语言是交际工具

对于语言是交际工具，这里所强调的是“人类独有”，其可以从两个层面来理解。

（1）动物所谓的“语言”与人类的语言有根本区别。“人有人言，兽有兽语。”动物与动物也存在交际，他们采用的交际方式也有很多，可以是有声的，也可以是无声的。但是，动物与动物之间这些所谓的“语言”是无法与人类的语言比拟的。

首先，人类语言具有社会性、心理性与物理性。社会性是人类语言的根本属性，因为人类的语言源于人类集体劳动的交际需要。运用语言，人们才能够适应自然、改造自然。相比之下，动物的“语言”只是为了适应自然。

其次，人类的语言具有单位明晰性。人类语言是一种音义结合的词汇系统与语法系统，音、形、义各个要素都可以再分解成明确的单位。相比之下，动物的“语言”是无法分析出来的。

再次,人类语言具有任意性。语言符号的任意性是指单个语言符号的语音形式和意义之间没有自然属性上的必然联系,只有社会约定的关系,语言符号属于非象征性符号。其表现有:语言符号的音义结合是任意的,是由社会约定俗成的。不同语言有不同的音义联系,音义结合的特点也不同。同样的语音形式,在不同语言中表示不同意义,不同语言的音义联系也不对等。同一语言的音义关系也具有任意性。动物的音义是匹配的,特定的音表示特定的意义。

最后,人类语言具有能产性。人类的语言虽然是一套相对固定的系统,各个结构成分是有限的,但是人们能够运用这一有限的成分产生无限的句子,传递出无限的信息。相比之下,动物的"语言"是无法产生这一效果的。

(2)动物学不会人类语言。动物能否学会人类的语言?对于这一问题,答案显然是不能。如果能学会,那就不能说语言是"人类独有"的交际工具了。很多人说,鹦鹉能够模仿人的声音,但是这也不能说它们掌握了人类的语言,因为它们只是模仿,只能学会只言片语。也就是说,这些动物不能像人类一样运用语言产生无限多的句子,也不能写出无限多的文章。因此,语言是动物不可逾越的鸿沟,能否掌握语言,也是人与动物的根本区别之一。

(二)语言是思维工具

1.什么是思维

恩格斯曾经说过,思维是人脑的机能。有科学家争论动物也有思维,他们通过实验发现,狗会算算术,黑猩猩可以借助工具获取食物,猫能够学会便后冲马桶,猴子可以借助石块砸开核桃,鸟类有自己的语言,海洋鱼类也能发出不同的声音信号,甚至还有人类无法用耳朵听见的超声信号,狼群狮群配合捕猎等,这些都是动物思维的表现。

通过思维而获得创造工具的能力是人类与动物共同的标志,

只是人类较为高级一些。我们既然承认人类发源于动物界,那么就应当承认动物思维的存在,不过这只是广义的思维范畴,从严格意义上来说,动物只具有低级的思维方式,而经过不断进化的人类的大脑才是高级思维的物质条件,是高级思维方式的基础。同样,人类的语言也是从动物的这种广义范畴的低级语言逐渐进化到狭义范畴的高级语言的。或者说,人和动物思维的本质不同在于各自运用不同的语言思维方式。从生理学来看,思维也是人类与动物之间共通的,它是一种高级的生理活动,是大脑中的一种生化反应过程。人类除了睡觉之外,几乎每时每刻都在思考,思考人与自然界的关系,思考个人与他人的关系。通过思考从现象深入事物的本质,发现事物的内在规律,使自身能够在客观世界中生活得更好。可见,人的思维是对客观世界的一种反映,是人类在认识客观事物时动脑筋进行比较、分析、综合等的过程。

当今网络世界成为越来越多人的第二种生活,人们可以在网络上做现实生活中的所有事情,衣食住行,求学求职,甚至“结婚生子”,有人认为这种虚拟现实不再是客观世界,而人们在网络上的思考和行为就不再是对客观世界的反映,因此得出结论:思维可以脱离现实。其实,我们应当清醒地看到,网络世界也是客观世界的反映,虚拟现实中的种种都留有现实世界的影子。衣食住行等行为都是客观世界里的客观发生,虚拟现实也是对客观世界的反映,因此对于网络虚拟思维,我们同样应当将其看作对客观世界的反映。

人类无时无刻不在用自己的大脑进行着思维,进行着创造,而人们却很少对自身的“思维”进行思考。在学校里,思维科学也很难成为一门独立的学科。虽然有脑科学、语言科学、逻辑学等相关学科,研究思维的物质基础、外在表现、各种形式等,对于人类“思维”的整体研究却无法独立成科,这确实是一个遗憾,其关键原因就在于很难为思维定义。那么究竟怎样给思维一个准确的定义呢?人们会从哲学角度、心理学角度、语言学角度给出不同的定义。例如,按照“思维科学首批名词术语征求意见稿”

中的定义："人类个体反映、认识、改造世界的一种心理活动"，立刻会有人提出质疑，认为这样定义就把思维纳入了心理学的范畴。

思维科学的创始人钱学森教授高度重视思维科学的重要性，他把思维科学提升为与自然科学等并驾齐驱的一类科学。他提出了现代科学的一个纵向分类法，把现代科学分为六大部类：自然科学、社会科学、数学科学、系统科学、人体科学、思维科学。这样，我们就能够更加清晰地认识思维科学的位置，脑科学、语言学、逻辑学、心理学等学科都可以统一在思维科学体系之下。科学家提出了一整套思维科学的体系架构及其友邻科学，我们可以做一参考。总之，要为思维定义，一定离不开三个要素，即人脑、客观事物、内在联系。

首先，思维是人脑特有的机能，是人的大脑中进行的一种"活动"和"过程"，是一种生化反应。

其次，思维是人脑对客观事物的反映。

最后，人类通过思维能够认识客观事物的内在联系，对客观事物形成间接地和概括性的反映。

2. 语言与思维的关系

人们的思维认知过程总是借助于视、听、嗅、触、说、思等手段来进行的，而人的眼视、耳听、鼻嗅、手触、口说、脑思等，又都毫无例外地通过语言来反映。思想不能脱离语言而存在，语言是思想的直接现实。语言与思维紧密相连，它们的关系辩证统一。语言有两个主要功能：思维功能和交际功能。它既是思维的产物，也给思维提供物质材料；思维是语言的核心，它必须借助语言来进行工作。

思维的过程即人脑对外界信息的接收、加工和处理的过程。外界的语音、文字等信号通过听觉、视觉、触觉等方式被大脑接收后，便迅速进入了大脑的信息加工处理程序。语言信息的加工处理过程是在大脑中进行的，这点不必用语言学来推导。其他相关科学的实验、测试手段（如脑电图、磁共振）能更加直接地证实。

最明显的是人们在说话时可以用脑电图测得脑电波，这样的脑电波测试可以重复成千上万次，结果都显示脑电波的存在。这就足以证明语言信息确实存在于物质大脑中，语言信息的加工处理也在大脑中进行。

语言是逻辑思维的工具，当人们的大脑进行思考时，语言中枢就会对思考着的画面进行"解说"和编码，大脑会自动选择自己最熟悉的语言——母语来进行编码。对于同时说两种或多种语言的人来说，语言中枢也会根据不同的情景自然地做出选择。比如，人们常常会发现，双语儿童在和说中国话的妈妈说话时说中文，而和说英语的爸爸说话时自然地转换成英语交流，这就说明大脑会根据情境自动选择合适的语言来表达思维内容。

对于学习外语的人来说，无不把能够用外语进行思维作为学好这门外语的最高境界，能够熟练地像母语一样操控一门语言，我们的大脑就会在合适的情境中"毫无偏见"地采用这门语言作为它思考的工具。随着社会的发展和科学的进步，人们对语言、思维和现实的思考从更多角度展开。

（三）语言是符号系统

1. 什么是符号

在人们生活的世界上，处处都存在符号的踪迹。例如，马路上的交通信号灯，红灯符号表示车辆行人必须停止，绿灯符号表示可以通行；医院里张贴的禁止吸烟的标志，告诉人们这里不能吸烟；中国人过春节时大门上倒贴的"福"字，表示对来年的祝福。再比如，路上爬行的蚂蚁遇到同伴要互相碰碰触角，传达哪里有食物的信息；猎人根据地上留下的动物脚印，判断出前方有什么样的猎物等。可以说，符号以及符号活动无时不有、无所不在。

总体来说，符号一般被划分为两大类，即人类的符号活动和自然界符号活动（包括动物符号活动）。其中，人类符号活动又可以分为两类，即语言符号和非语言符号，后者又可进一步划分为建筑符号、音乐符号、影视符号、绘画符号、行为符号等。可见，符号学将人类学术领域的几乎所有学科门类都囊括其下，尤其是人文学科，它为跨学科交流和研究提供了一条道路。

索绪尔在他的普通语言学文稿中明确指出过符号学的重要性，并反复强调语言本质上是符号，语言学从属于符号学，“语言学，我们现在就称其为符号学，也就是说关于符号的科学，即研究人尝试用必不可少的约定系统来表达思想时所出现的现象。……无人开课讲授符号传播现象，而这一现象反过来却完全占据了语言学家的脑海，以致他们认为语言学属于历史学科……其实语言学什么也不是，它就是符号学。”

在关于符号学与语言学的关系问题上，学者们所持的观点大致分为：符号学包含语言学，如索绪尔、西比奥克等；符号学从属于语言学，如法国符号学家罗兰・巴尔特；符号学和语言学并列平行，相互交叉；符号学和语言学互不相干，如法国符号学家吉劳。就目前的研究来看，持第一种观点和第三种观点的学者数量更多，也更具有说服力，他们各持己见，争论不休。

其实，符号学作为一门跨学科的研究工具，它在一定程度上囊括了语言学，赋予语言学一种新的研究方法，而语言学同时有自身的一些特点，也许正是符号学理论尚未涉及的领域。无论如何，我们不得不承认的是，语言是人类多种符号系统中的一种典型代表，也是使用最多的一种人类符号体系，如果我们将对语言的研究置于符号学的广阔背景中，必将更方便进行语言的跨学科研究，为语言学的发展开辟新的道路。

2. 符号的类别

人类社会中，符号无所不在，多种多样。为了更好地理解和利用不同种类的符号，了解它们所传达的信息，符号划分类别成为符号学研究中的重要组成部分。在符号学史上，符号学家们都以自己的不同视角对符号进行过分类，但影响最为深远的是美国符号学家皮尔士的划分。皮尔士定义了符号、对象和解释项三元关系，他还在此基础上先后提出了十种符号分类的三分法，其中最著名、最重要的是把符号分为以下几种。

（1）图像符号（icon）。图像符号的表征方式是符号的形体与它所表示的对象之间形状相似。例如，一幅肖像画、一幅写生画以及照片、录像就是一个典型的图像符号，它完全是对其对象的模仿。还有一些图像符号如地图、气象图、电路图、零件组装图、工艺流程图、几何图形、公式等，它们与对象之间只是抽象的相似。

（2）指索符号（index）。指索符号的表征方式是符号形体与符号对象之间有逻辑联系，如因果联系、方式关系等，使符号形体能够指示符号对象的存在，如各种交通指示牌、商标、招牌等。

（3）象征符号（symbol）。象征符号的符号形体与符号对象之间没有形状上的相似或者因果逻辑关系，它的表征方式是建立在社会约定俗成的基础上。例如，国旗是国家的象征，圣诞树是节日的象征，每一种花各有其象征意义，在中国红色是喜庆的象征，穿婚纱象征做新娘等。在这些约定俗成的象征中，语言符号是最典型的一种。

语言符号和它所表征的对象之间没有必然的联系，不同的国家和民族可以有各自不同的约定，因此形成了各种各样的语言符号系统。可见，在人类的符号活动中，象征符号使用最多，以至于有些人从狭义理解，用象征符号（symbol）代替符号（sign）。

3. 符号系统

所谓系统，就是指性质相同或相似的事物按照一定顺序和内部联系组成的整体。例如，城市道路交通系统、电路系统。符号系统就是性质相同或者相似的符号，按照一定规律组合而成的整体。一个符号总是要在特定的系统中才有意义，如果把它放在另一个符号系统中，它可能就没有意义，或者具有其他的意义。例如，在马路上看见交通灯的红灯表示要停下来，这是交通信号灯符号系统赋予“红灯”的意义，但是如果离开这个系统，红灯就可能是别的意义了。

我们说符号具有任意性，同样符号系统也带有很强的主观性，因为符号系统是借助编码组织起来的，人们根据一定的规则把符号的能指和所指结合起来，体现符号的符指过程，符号使用者在此过程中承认符号能指与所指的关系并在使用中遵守这种关系，这就构成了一个符号系统。不同的符号系统有不同的规则，也就是不同的编码方式，这就解释了为什么同一个符号在不同的符号系统中有不同的意义。

再进一步划分符号系统，可以把符号的能指系统和所指系统区分开来。符号的能指系统指的就是符号的形式系统，它关注的是符号的形式，如符号形状、符号的读音等。再用交通信号灯系统做例子，它的能指系统就是它的构成形式，通常由三个圆形的灯组成，分别是红灯、黄灯和绿灯，同时它们的排列顺序也是固定的。现在改进了的红绿灯用箭头表示前进的方向，箭头向上、向左和向右以及红绿黄三种颜色的箭头等，这些都是交通信号灯系统的能指系统所包含的内容。

符号的所指系统就是它的意义系统，它是能指系统的对象。“意义”两个字看似简单，却是最复杂的概念，从古至今，关于“意义的意义”的问题是各派争论的焦点，众学说派别林立，无法统一。尤其是语言符号系统，对其所指系统即其意义系统的研究更是难度很大。

符号系统包含广泛，一般来说，它可以划分为以下几大类别，如图 1-1 所示。

不同符号系统之间的转换必须通过翻译。符号学中的翻译并不限于不同语言符号之间的翻译，而是指两个或几个任意符号系统之间的转换。例如，把蚂蚁的动作意义系统翻译为人类可以看懂的语言符号系统，把语言符号转换为盲文符号系统。可见，符号之间的翻译必须对等，翻译者必须熟悉原符号系统和目标符号系统，并且懂得翻译技巧。

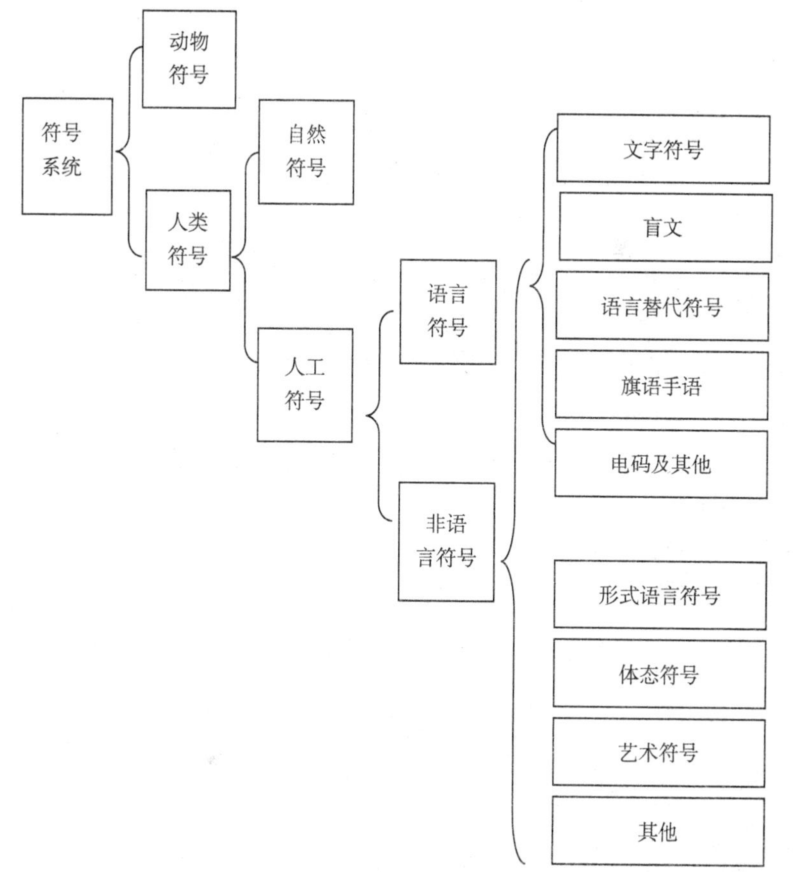

图 1-1　符号系统的划分

（资料来源：陈浩东等，2013）

4. 语言的符号性

语言是人类特有的符号体系，是人们最为常用的一种符号。狭义的语言只是指人们的口头言语和书写的文字，而广义的语言还包含着所谓的表情语言、形体语言、装饰语言等，它们都是传递人的思想信息的符号形式，然而语言最通常还是指言语和文字。

言语的物质形式是声音，文字的物质形式是图形，它们分别给人造成听觉的和视觉的反映。语言作为物质形式和内容意义的统一体，在自己身上便体现为“音义”统一体或“形义”统一体。语言还是一种线性的结构系统，语言单元是沿着一维的方向前后相继地排列下去的，语言单元之间是根据语法规则而组合起来、形成语言系统的。由此看来，对于有声语言来说，它的三大构成语素便是：语音、语义和语法。语言在所有的符号形式中是最基本和最重要的符号形式，是人类传递、存贮和加工信息的基本工具。

语言是以人群共同体为单位而各自约定俗成的系统，不同的人群必然产生出互不相同的语言，以后不同的人群因其所具有的不同的生理和文化特征而形成不同的民族时，语言的差异也成为民族之间互相区别的最重要特点之一，所以相对于后来人类以世界范围而约定的"共通语言"而言，被称为"民族语言"；也因其经历了漫长的发展历史被今人视为远古时自然起源的，而被称为"自然语言"，与后来的"人工语言"区别开来。

部分观点认为，语言是思维的外壳。我们对自身以及外在世界的思考与认知都是借助语言而完成。语言不仅帮助人们传递信息交流思想，它也是思维工具，参与并体现人们的思维，但这很难说是思维的本质。

二、语言的分类

目前，世界上有2000多种语言，经过研究的语言有500多种。使用人口超过100万的语言只有140种，其中使用汉语的人最多，占世界人口的五分之一；其次是英语，约三亿人口；再次是俄语、西班牙语；使用日语、德语、阿拉伯语、葡萄牙语、法语和意大利语的人口也不少，约占世界人口的15%。世界上所有语言都有自己的结构特点，为了研究方便可以按照一定的标准把世界上的语言划分为几种类型，这就是语言的分类。

（一）根据构词特点分类

以词的构造为标准对语言进行分类，可将世界上的语言分为四种类型：孤立语、屈折语、黏着语和多式综合语。

（1）孤立语（isolating language）。孤立语也叫词根语或无形态语,它的语言特点是词根和词缀本身在构词过程中不发生变化,因此各类词在形态上缺乏明显的标志,词与词之间的关系主要通过词序和虚词等语法手段来表示。这类语言中的词,因为大多数是由词根组成的,所以具有这种特点的语言又叫作"词根语"。汉藏语系的诸语言大部分都有这种特点,所以归属于孤立语这种类型。

(2)屈折语(fusional language)。屈折语的主要特点是依靠词的内部屈折和外部屈折构词。用内部屈折手段构词,即通过词内部的元音或辅音的变化来表示词的不同的语法意义。例如,英语中的 foot[fut] 是单数名词,复数是 feet[fi:t],它的单、复数就有元音 [u] 和 [i:];give 是现在时,gave 是过去时,因为时态的原因内部发生了变化。

(3)黏着语(agglutinative language)。黏着语是将具有一定语法意义的附加成分黏附在词根或词干上形成派生词,表示语法意义的附加成分好像是黏在词根上似的,所以叫黏着语。黏着语具有以下特点。

黏着语的词根和附加成分都具有相当大的独立性。就词根来说,它们不和附加成分结合也能独立存在;就附加成分说,由于每一附加成分都只表示一种语法意义,而每种语法意义又固定用一个附加成分来表示,所以当一个词存在附加成分时,就很容易地根据读音和所包含的语法意义把其中的附加成分区分出来。

(4)多式综合语(polysynthetic language)。多式综合语又称"合体语""编插语"。它的特点是在一般语言中句子成分作为附加成分包括在词里,这样一个句子就合在一个动词的大的语法形式里,以词的形式出现,句子和词统一起来了。例如,北美洲的契努克语的 I-n-I- á -I-d-am(我来是为了把这个交给她)。其中"-d-"是动词词根,表示"给",其他都是附着在词根上面的各种成分,这是一个词,也是一个句子。

（二）根据句法特点分类

根据这一分类标准，语言可以分为如下几类。

1. 综合语（synthetic language）

综合语主要运用综合性语法手段，如附加、内部屈折、重叠、重音等来表示词与词之间的语法关系。具有格范畴是综合语的标志。词的不同格变化用来表示词与词之间不同的语法关系。例如，俄语、拉丁语都是用格的变化来表示词与词之间的语法关系。此外动词能综合地表示语法意义，形容词的级通过词本身的形态屈折来表示，也是这种类型语言的特点。纯粹的综合语，也就是说用词的形态变化来表示词与词之间的语法关系的语言并不多见。通常除了词本身的形态以外，还有兼用虚词表示语法关系的语言，这种语言也叫综合语。

2. 分析语（langue isolante）

分析语主要运用分析性语法手段，如词序和虚词等来表示词与词之间的语法关系。不同的词序，使用不同的虚词会形成不同的语法关系，这是分析语的标志。例如，在汉语中，“意志坚强”和“坚强意志”的词序不同，语法关系就变了；“我和哥哥”和“我的哥哥”，由于虚词的不同，表示的语法关系就有区别。一般认为，汉语是典型的分析语，英语、法语等语言也可以归入分析语。

分析语和综合语的分类是相对的，世界语言的结构具有复杂性，纯粹属于分析语（或综合语）的语言几乎是不存在的，侧重于综合手段的语言常常也使用分析手段。反之，侧重于分析手段的语言，也不排斥使用综合手段。另外，语言是发展变化的，语法手段的类型也常常会有变化。例如，古英语侧重使用综合手段，属于综合语，而现代英语侧重使用分析手段，属于分析语。

第三节　语言的特征与功能

一、语言的特征

（一）生理性

基因是人类大脑语言器官的载体。人类大脑的语言器官主要是内嵌于大脑皮层之上，具有人类特有的生物禀赋。通过基因，大脑的语言器官得以遗传，并且万世都不会枯竭。动物无论怎样都不可能学会人类的语言，这正体现出人类大脑中特殊的生理基础，即存在着一种特殊的处理机制和语言习得机制。

（二）社会性

语言是一种交际工具，交际是其首要职能，信息的传递、情感的表达都需要借助语言这一工具来完成。语言这种工具具有全民性，不分年龄、性别，为全体社会成员服务。

语言产生于社会，又广泛运用于社会，并且随着社会的发展变化而变化。反过来，语言能够反映社会，通过对语言进行研究就可以从中观察社会现象，了解社会心态。

（三）心理性

语言与思维关系密切，语言是人类进行思维的重要工具，如果离开语言，人的思维也就难以进行；反过来，如果脱离思维，语言也就无所依靠，就会毫无逻辑。可以说，思维是语言存在并正常运行的基础，如果思维出现问题，那么语言能力也会受到严重影响。

二、语言的功能

对于语言的功能，这里从心理学与社会学的角度展开分析和探讨。语言的心理学功能即人们用于与客观世界进行沟通的工具或手段，是人们对外部世界进行认知的心理过程，是主观的功能。其可以细分为命名功能、陈述功能、表达功能、认知功能和建模功能五种。语言的社会学功能即语言被用于与他人沟通的工具或手段，其是人与人之间进行沟通的心理过程，是外显的功能。其可以细分为人际功能、信息功能、祈使功能、述行功能、煽情功能五种。下面就对这细分的十大功能进行研究。

（一）命名功能

所谓命名功能，指语言被用作对某些事物、事件进行标识的工具或手段。这是人类运用语言的一大强烈心理需求，蕴含的意义非常巨大。大部分儿童对生词的掌握都有一种迫切的需求，这也表明了对鉴别事物的符号的掌握的重要性。只有掌握了这些符号，才能真正地掌握这种事物。

人类在没有语言之前，世界万物在人们的心目中所留下的印象是不同的，因此产生了人们对这些事物认知的差异，并且通过这些印象，他们可以识别这些事物。但是如果没有语言，人类是无法对这些事物进行表达的，这些存在于人类脑海中的事物也仅是一种意会，这样的话很容易出现混乱。随着语言的诞生，人们才能为各种事物命名和赋予意义，也使得人们的记忆力明显提升。

（二）表达功能

所谓表达功能，即语言作为对主观感受进行表达的工具和手段，其可能是简单的词语，也可能是句子或者篇章。也就是说，语言可以帮助人们表达某些喜怒哀乐。除此之外，语言的表达功能还可以帮助人们仔细推敲韵律、词句结构等，从而将内心情感效果传达出来,如散文就是很好的例子。

(三)建模功能

所谓建模功能,即语言被用于对客观现实的认知图式进行构建的工具或手段。随着人类认知能力的提升,词语能够为人们提供一个观察世界的图式结构,而全部的词语符号系统就形成了对大千世界能够透视的模型。在这一模型中,词语可以划分为多个层次,居于下层的称为“下义词”,居于上层的称为“上义词”。

当然,上义词与下义词都是相对来说的。随着新事物不断涌现,曾经的上义词也可能变成下义词。例如,在远古时期,“树”是不可以被划分的,是一个孤零零的下义词,但是随着人们对树的研究的深入,发现其可以划分为多个种类,如柏树、杨树、松树等。这时,“树”就成了上义词。

(四)信息功能

所谓信息功能,即语言被用于信息传递的工具或手段。一般来说,人们之间的交谈就是在传递信息,从而将语言的信息功能发挥出来。但需要强调的是,交谈者所传递的信息必须与信息接收者已知的信息匹配,否则信息接收者将无法接收所传递的信息。例如,在课堂教学中,教师必须基于学生自身拥有的知识结构展开知识技能的传授,这样才能做到因材施教。当然,除了教学内容,教师的教学语言也需要根据教学对象而定。

(五)述行功能

所谓述行功能,即语言被用于对事件或行为进行宣布的工具或手段。发话人如果是权威人士,往往会使用十分正式的语言或句式。例如,婚礼上神父或牧师向新婚夫妇以及众人宣告:“I pronounce you man and wife.”

（六）陈述功能

所谓陈述功能，即语言被用于对事物与事件之间的关系进行说明的工具或手段。随着人类社会的进步，仅仅有对事物的命名显然不能满足人们交际的需要。这是因为，在日常生活中，人、事物、事件之间有着必然的关联，可能是外显的，也可能是内隐的，对于这些关联，最初人们采用了一些主谓句式或者“话题—评述”的功能语法结构等，从而形成一个个命题。但是通常来说，一个命题显然也是不够的，于是人们又创造了更多的命题，这时篇章就形成了。久而久之，人们就学会了对复杂命题的表达与陈述。

（七）认知功能

所谓认知功能，即语言被用于思考的工具或手段，这是一个非常重要的功能。人们的思维活动往往将语言作为载体，这在之前的定义中已经有所提及。也就是说，一切抽象、复杂的思维都离不开语言，语言可以帮助人们分析与思考，从而使人们的智力越来越发达，创造出更多的精神与物质文明。

（八）人际功能

所谓人际功能，即被用于对人际关系进行维持和改善的工具和手段。人们为了维持关系，往往会在不同的场合运用各种不同的语言，如正式的场合使用正式用语，非正式的场合使用非正式用语等。当然，有时候人们交谈仅仅是为了保持一种关系。例如，在酒会上，为了有一种惬意的氛围，人们往往会闲聊一些小事。在这种场合，人们交谈的话多是场面话。

（九）煽情功能

所谓煽情功能，即语言被用于煽情的工具或手段。在很多时候，人们运用语言只是为了打开心扉，影响他人的情绪。一般来说，在这类交谈场合，运用的语言内涵意义越丰富，越能够煽情。

例如，一些领导往往会使用振奋性语言来鼓舞民众同仇敌忾，一些商家为了吸引顾客使用一些动员类的语言等，这些话语的运用都是为了激发对方的情感。

（十）祈使功能

所谓祈使功能，即语言被用于指令发布的工具或手段。在语言交际中，人们往往会告诫、提醒等，使用语言的祈使功能。例如，儿子早晨上学时，妈妈往往会提醒儿子“Be quick or you’ll be late!”这就是提醒，并使用了祈使句，目的是加强语气，从而对受话人的行为举止产生影响。

第二章　语言学综述

语言学对什么是语言、语言使用的相关要素等问题进行了解释，可以帮助人们清晰了解与把握语言的本质，明白语言到底是什么。对语言学进行研究与学习，不仅是语言学家应该考虑的事情，也是外语研究者、教育工作者考虑的事情。因此，本章就从语言学定义、发展、分类以及与相关学科的关系入手探讨什么是语言学。

第一节　语言学的定义

有人说，语言不就是人们“司空见惯”的声音吗？这种观点显然是错误的。语言并不是人们想象的那样简单，其是一门值得人们为之奉献一生的学问，这就是所谓的语言学。本节就来具体分析什么是语言学。

一、语言学的界定

对于什么是语言学，一般认为：“语言学是一门与语言密切相关的科学，是对语言进行科学研究的学科。”①

通过对上述定义的分析可以明确，语言学研究的对象是人类的语言，并且明确回答了两大问题。

---

① 廖美珍．语言学教程（修订版）精读精解[M].成都：西南交通大学出版社，2009：13.

其一，语言是什么？

其二，语言是如何运作的？

除了这两大问题，语言学还考虑与语言相关的一些情况。例如：

其一，语言为何会发生变化，受什么因素的影响？

其二，不同的语言会存在某些共性特征吗？

其三，儿童是如何习得语言的？

可见，语言学这门学科是非常有趣的。在语言学诞生初期，很多人批判"语言学是一门科学"的学说。但是随着研究的深入，对于这一学说的批判逐渐淡化，直至消除，这说明人们承认"语言学是一门科学"。从这一学说中不难发现，语言学的研究正在蓬勃发展，并且逐渐使其有理有据。

当然，在语言学的研究中，有着自身研究的核心，具体可以归纳为如下四点。

（1）语言学将有关语言的各项基础知识涵盖在内，如语音、词汇、句法、语篇等。

（2）语言学具有实用性与广泛性，其在国际交流与贸易中意义非凡。语言学所涉及的词汇、语法知识具有极其重要的价值，对于跨文化交际的顺利开展意义重大。一种语言的使用人群越广泛，其价值与效益也就越明显，这是一种经济与效益的良性循环。

（3）语言学对交流方式进行研究和探讨。在不同语境下，由于人们所扮演的交际角色不同，因此说话语气、表达形式也必然不同，这些都需要具体问题具体分析。

（4）语言学在外语人才教育中也发挥了重要作用，其有助于学生理解语言，并对学生的实践能力与交际能力的培养也十分看重。

二、语言学假设与假说

语言学在社会生产的各个领域都有广泛运用，是统一性与矛盾性的集合体。它不仅为自身的发展提供了机遇，也为国家交流提供了途径和媒介，还具备一定的翻译、经济、教育价值，在我国的政治、经济、商务交往中起着十分重要的作用。因此，领域不同，语言学的研究重点也不同。

对语言学理论体系中的假设与假说进行分析和探讨，目的在于告诉人们任何理论模型都是一种隐喻，科学研究就是在假设与假说的前提下，通过分析模型的渐次改变而变得更为逼真。

（一）概念界定

在对科学研究方法论进行说明的时候，无论是采用归纳法，还是采用演绎法、溯因法，都需要某种假定的参与，从而证明与支撑相关论断。这种假定实际上包含两大概念：假设与假说。这两大概念在性质上存在很大的差异性，因此必然需要做出区分。我们之所以将这两个概念单独提出来，一是因为假设与假说在理论体系与范式中处于不同的地位；二是在汉语文献中不对二者进行区别，往往都是假设这一概念包含两者，并没有意识到假设与假说在理论体系中的本质差异。基于此，下面就来分析假设与假说的内涵。

假设就是假定命题与命题集是正确的，其正确性是理论体系构建的基础与前提。对于语言学理论体系而言，假设是其核心部分，其具有公理性与先验性，是特定理论体系的起点。无论对于一个学派来说，还是对于一门学科、一种理论而言，假设这一逻辑起点是必须存在的，并且处于基础性地位，并对所考察对象的存在状态进行理论认定。简单来说，假设往往体现了某一理论体系在方法论或本体论甚至世界观、知识论上的承诺，即对所考察的对象“何物存在”和“如何存在”以及如何“认识存在”的承诺。由于逻辑起点不同、研究对象不同，所提出的问题与研究方法也必然不同。因此，假设的彻底转换往往意味着研究观念的调整乃至理论范式的切换与变迁。

假说是在已知材料和经验的基础上，对未知、需要探求的现象进行假定的推断与说明。在理论体系中，假说不仅具有定理性，还具有后验性。如果说假说得到了论证，那么就说明该假说具有定理性。但需要说明的是，假说并不能被看作定理，因为从系统的理论探究来说，某种假说可真可假，可能是正确的，也可能是错误的。

在一个理论体系中，如果某一个论断不能论述成“If A then B”，那么其不是模糊说话，就是假设的东西。如果可以改成上述表达，那么一般就是假说的东西。

另外，假设与假说也存在着某些差异性。如果要想区分某一概念属于假设还是属于假说，那么就必然将其放在特定的理论体系中才能分得清楚。假设与假说没有层次上的高低之分。当然，高层面上的假说就是假设，而具体研究过程中的工作假设实际上也带有假说的性质。

（二）基本层次

如前所述，假设与假说是基于理论体系来说的，而在一个理论体系内部，假设与假说都具有层次性。限于篇幅，这里仅就假说的层次进行研究和探讨。有的假说是宏观的，是基于观念层面的认识；有的假说是微观的，是基于某些特定现象的预测与描写；有的则介于宏观与微观之间。假说的层次不同，其在理论体系中的作用与接受论证形式、过程也必然不同。

1. 宏观层面的语言学假说

从宏观层面来说，语言学假说是就语言发生的、存在的根本情况或者过程进行的概括性推论。这些假说与语言研究的基本观念存在关联性，是研究者构建理论体系的基础。宏观层面的语言学假说是普通语言学非常关心的话题，也是人类学家、哲学家等争论不休的话题。

语言是如何产生的？这是所有语言问题之所以产生的根本。根据这一问题，很多语言学家开始探究语言的起源问题。18 世纪关于语言的起源问题讨论是非常激烈的，如卢梭的契约论、孔狄亚克的情感宣泄说、赫德尔的摹声说，其他的还有劳动说、手势说、本能说、体验说等。其中，影响最大的就属于进化说，这也是对现代语言科学能够理解的依据。

上述这些假定是各种理论的基石。虽然呈现的是假说的面貌，虽然持有该假说的人也通过一些可观察的事实来设计实验，验证这些理论的合理性，但就根本来说，这些理论都应该被当作理论体系的基础，即完全应该看作一种假设。也就是说，这些假定是一种语言观、一种语言论，而不仅仅是一般意义上的假说。

2. 中观层面的语言学假说

从中观层面来说，语言学假说是在特定语言学分支中出现的假说，其不是针对整个语言系统而言的，也不是就某一具体问题来说的，而是针对某一语言层面，或者不同语言层面的关系而进行的假定。例如，关于音系演变方式提出的“新语法学派假说”，关于二语习得研究中的“普遍语法可及性假说”等。

当然，中观层面的假说本身具有模糊性，这里单独列出来只是为了说明，在宏观的语言学假说与微观的语言学假说之间，存在着与二者不同的学术观察与学术认识。例如，如果将中介语假说着眼于中介语系统的性质上，将其看作宏观层面的语言学假说也是可以的。同样，像语言学理论中的各个原则，如语序和谐原则、联系项原则等，也都可以放在中观层面。

3. 微观层面的语言学假说

从微观层面来说，语言学的假说主要是关于具体问题、特定技术层面的假说，它是针对特定的语言现象提出的具体解决方案。语言学假说中大多都属于微观层面，如生成语言理论与语言习得理论中直接以假说命名的一些理论。下面就“动词短语内部主语假说”来进行说明。

这是关于句法结构关系的假说，传统的双宾语结构 VP 是三分支扁平结构，如图 2-1 所示，可是这跟一般的双分支结构并不一致，如图 2-2 所示。

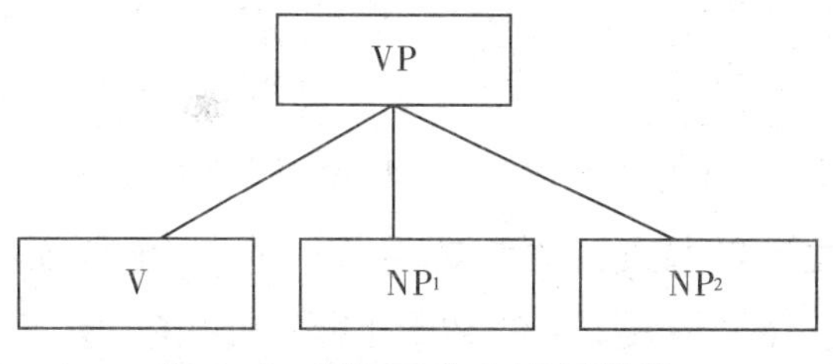

图 2-1　VP 三分支扁平结构

（资料来源：施春宏，2015）

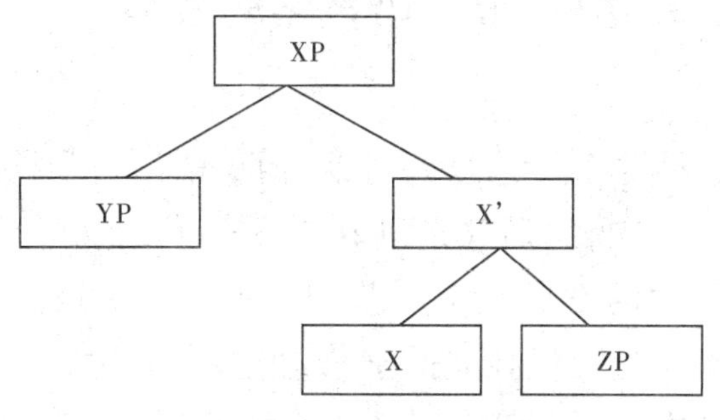

图 2-2　一般双分支结构

（资料来源：施春宏，2015）

对比图 2-1 与图 2-2，显然图 2-1 违反了句法结构关系的一致性原则，而且这与生成语法既定规则相矛盾。如果按照图 2-1，两个宾语地位似乎是平等的。那么，下面两个例句就应该可以接受，但是其实不然。

（1）John showed Mary herself in the mirror.

（2）John showed herself Mary in the mirror.

在这组句子中，herself 指代的是 Mary，只能出现在 Mary 后，否则与反身代词约束原则相违背。为了解决这一矛盾，拉尔森（Larson，1988）提出了"VP 壳假说（VP-shell Hypothesis）"[①]，即后来发展而成的动词短语内部主语假说。这一假说要求双宾语结构 VP 仍旧遵循双分支原则，即图 2-2 所示的结构，但其中两个 NP 处于不平等的句法位置上。

① 施春宏．语言学理论体系中的假设与假说[J]．语言研究集刊，2015，（1）：31.

可见，有的微观层面的假说虽然是对某一具体问题的假设，但是往往有大的理论背景和信仰支撑，甚至将语言特点、理论体系等牵涉在内。

总体上说，这里所做的宏观、中观、微观层面的语言学假说划分只是一个大概的说法，三者之间是一个连续的统一体，尤其是中观层面的语言学假说，其贯穿于上下，相互渗透、相互关联。

第二节　语言学的发展

语言学最早源于文艺复兴时期，而英语语言学研究最早见于莎士比亚的文章中，之后又出现在雪莱等人的文学作品中，这些都为英语语言学的发展奠定了基础。进入 20 世纪中期，英语语言学逐渐发展成为一门独立的学科，很多专家学者对其进行了多层次的研究。本节就沿着五个阶段、两条路线、三次解放的视角研究语言学的发展。

一、五大阶段

所谓五大阶段，指的是语文学、历史比较语言学、结构主义语言学、形式语言学、交叉语言学。

（一）语文学研究

语文学是一门对古文献、古书面语进行研究的学问。众所周知，文字的发明标志着人类逐渐进入文明时代，千百年以来，人类祖先用文字留下了很多古文献。但是，随着时代的变迁，后人阅读这些古文献非常困难，这就需要有专门的人对其进行注解，日的是让后人能够读懂这些文献。

古印度、古希腊与古罗马、古中国被认为是语文学的三大源头。公元前 4 世纪，古印度学者巴尼尼对梵语诗歌集《吠陀》进行了整理和注解,并总结出了《梵语语法》。古希腊学者亚里士塔尔库斯对《荷马史诗》进行整理与编辑,其学生狄奥尼修斯·特拉克斯写出了《希腊语法》这一权威文献。在这些经验的基础上,古罗马学者瓦罗与多纳图斯继续研究拉丁语,瓦罗的《论拉丁语》被认为是一本权威著作,多纳图斯的《语法术》被长期当作标准课本。古中国的语文学研究非常独特,中国对文字十分考究,自秦朝以来,虽然有着纷繁复杂的方言,但是文字基本上是统一的,要想对古文献进行考究,必须围绕汉字的音形义展开,因此就诞生了文字学、音韵学、训诂学等,出现了很多相关的著作,如《说文解字》《广韵》《尔雅》等。

(二)历史比较语言学研究

19世纪初期,西方语言学者开始采用历史比较法对语言本身加以研究,并产生了"历史比较语言学",早期称为"比较语法"。英国人威廉·琼斯(Willian Jones)最早发现了希腊语、梵语、拉丁语,因此就提出了"印欧语假设"这一论断,这一论断逐渐成为历史比较语言学的先驱。德国著名的学者施列格尔(F. von Schlegel)也认识到梵语与欧洲许多语言存在相似,因此提出"比较语法",被认为是历史比较语言学的奠基者。之后,很多学者也基于此进行了研究,并建立了一套历史比较方法,探索出不同语言之间存在的亲属关系。

这些学者的研究使得语言学摆脱了传统的束缚,并成为一门独立的学科,也为普通语言学的研究奠定基础。19世纪中期,普通语言学诞生,其主要从理论上对人类语言的一般规律加以研究。其中,德国著名学者洪堡特(Humboldt)是普通语言学的奠基者,其很多观点被后代学者继承。索绪尔是"现代语言学之父",他的学生对他的语言学观点进行总结,写出了《普通语言学教程》一书,该书具有划时代的意义。

（三）结构主义语言学研究

索绪尔是结构主义语言学的鼻祖。他认为，语言学领域存在两种语言学，一种是语言的语言学，另一种是言语的语言学。同时，他认为语言本质上属于一种符号体系，语言学就是对这一符号体系加以研究，探究其内部结构的过程。

受索绪尔的影响，心理社会学派与结构主义语言学派两大学派诞生。前者以梅耶（Meilet）、巴利（Bally）为代表，认为语言是社会事实与心理现象的结合。后者分为三大派别：以雅各布逊（Jakobson）为代表的布拉格学派、以布龙达尔（Brondal）为代表的哥本哈根学派、以博厄斯（Boas）为代表的美国学派。布拉格学派强调索绪尔提出的语言社会观，重视从社会的视角研究语言，发挥语言的社会功能，从而在音位、音位区别上做出了重大贡献，因此又可以称为"功能派"。哥本哈根学派强调索绪尔提出的语言符号说，并将其发展到极端，认为语言是一种由内容形式与表达形式构成的符号，这一符号并不依赖于语音，也不依赖于现实世界，因此哥本哈根学派的研究并不是对语言结构的研究，而是对抽象的关系结构的研究。美国学派着重于对实际语言的记录与描写，他们对于语言的意义是非常排斥的。他们注重描写中的分布，并在此基础上对语言单位进行切分与组合，因此又可以将美国学派称为"描写派"。

（四）形式语言学派研究

结构主义语言学存在几十年，直到20世纪50年代中期，转换生成语法的崛起，才打破了结构主义语言学称霸的局面。著名学者乔姆斯基创立了转换生成语法。在乔姆斯基看来，对语言进行描写与分析的目的并不是对语言加以分类，而是为语言建构一种理论，研究人的语言的生成，即如何运用有限的成分、有限的规则生成无限的句子。

乔姆斯基的目标是建构一个能够产生所有句子的语法系统，其包含两大层面：生成、转换。

生成规则又包含两类：一类是短语结构规则，另一类是词汇插入规则。短语结构规则用一套符号来表达，如 S → NP + VP, NP → D + N, VP → V + NP 等。例如，"The boy posted the letter." 这句话可以表示为图 2-3。

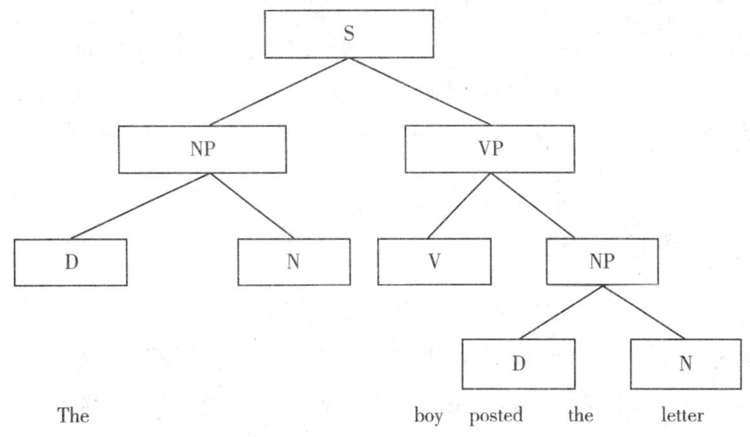

图 2-3　"The boy posted the letter." 的分解图示

（资料来源：岑运强，2015）

词汇插入规则是合格句子得以生成的保障，即限制一个句子中的各个成分。例如，上例中的 posted 这个词之前的名词一定是生物名词，即人。如果不是生物名词，那么这个句子必然是不合格句子。例如，我们不能说"石块寄信""书本寄信"等。

转换主要是对句子结构、句子形式所进行的转换。在初期的研究中，乔姆斯基对核心句子与非核心句子进行转换，如肯定句与否定句之间的转换等。随着研究的深入，乔姆斯基又提出表层结构与深层结构的转换。

在生成与转换中，乔姆斯基都采用了形式表达，因此乔姆斯基的转换生成语言学又可以称为"形式语言学"。就语义层面来说，乔姆斯基的形式语言学经历了以下四个阶段。

1. 经典理论阶段

语法包括三大组成部分。

其一，短语结构，由很多 A → B + C 的改写规则而构成。

其二，转换结构，指一系列的转换规则，每一条规则都包含两个步骤：一是分析；二是变化。

其三，形态音位，其由形态音位规则构成，当然也可以称为一系列的改写规则。

在这一阶段，乔姆斯基认为语法学有着自己的系统，不能将“有意义”与“合乎语法”这两个概念进行等同，因为二者有着本质的区别。

2. 标准理论阶段

随着语法研究更加深入，经典理论逐渐显露出自身的缺陷。因为从表面上看很多句子是合格的句子，但是在语义上并不合格，甚至解释不通。因此，乔姆斯基经过慎重的考量，将语义关系融入语法研究中。具体而言，标准理论的模式可以用图 2–4 表示出来。

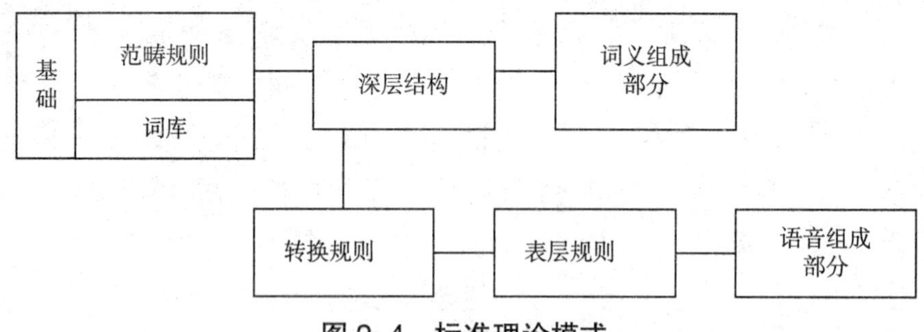

图 2–4　标准理论模式

（资料来源：刘颖，2014）

乔姆斯基的标准理论包含三个部分，即句法、语义与语音。其中，句法部分有基础与转换两个部分，基础又有范畴与词库两个部分。句法部分对句子的结构进行了规定，分为表层与深层两大结构，前者输入语音部分，通过语音规则对语义加以传达，后者输入语义部分，通过语义规则对句子的意义加以传达。转换对语义并不会产生什么影响，通过转换获得的表层结构与语义之间也并不存在什么关联性，但是深层结构能够将所有的语义信息呈现出来。

3. 扩充式标准理论阶段

从上述的表述中可知，乔姆斯基的标准理论将深层结构与语义相关联，指出表层结构与语义没什么关系。但是，在下面的表述中，表层结构却能够对语义产生影响，甚至转换也会在某种程度上改变语义。

第一，否定词顺序、逻辑量词顺序会影响语义。

第二，译文转换会影响语义。

第三，转换对句子的语义会造成变化。

第四，only，even 等词在句子表层结构的位置不同，语义也会随之发生相应的改变。

因此，乔姆斯基将标准理论进行了完善，形成了"扩充式标准理论"。

4. 管辖与约束理论阶段

对于上述乔姆斯基的解释，很多人提出了疑问，因此乔姆斯基又深入研究语法，提出了"管辖与约束理论"。在这一阶段，乔姆斯基认为，语法是组合的，可以对语法进行划分，这可以从两大系统来考量。

就规则系统来说，词库规则系统主要用于说明词项的特征，如它的语音特征、形态特征、语义特征等，当然其中还涉及两大规则——构词与冗余。在句法上，句法包含两个部分，就是基础与转换，前者就是短语结构规则的采用，后者是 X 价系统。

就原则系统来说，乔姆斯基将其重心放置于此，其包含很多理论，如上面说的 X 价系统、约束理论、管辖理论、格理论等。

他的这些学说适合计算机的运用，也克服了结构主义语言学只注重表层结构的弊端，但是其也脱离了社会语境，因此也存在缺点。

(五)交叉语言学研究

随着社会的进步与发展,语言学与自然科学、社会科学等紧密联系在一起,它们彼此相互渗透,形成一些交叉性学科。例如,语言学与社会科学相融合,形成社会语言学;语言学与心理学融合,形成心理语言学;语言学与人类学融合,形成人类语言学等。

当前,人们不仅对微观语言学予以重视,对宏观语言学也加以重视,我们已经进入了一个交叉学科研究的时代。

二、两条路线

所谓两条路线,是指"整齐论"与"参差论"之间展开的斗争。

(一)上古时期的两线斗争

围绕"名与实"的问题,西方与东方几乎同时出现了两线斗争。

在西方,约公元前469—前399年,苏格拉底的两个学生赫尔摩根与克拉底洛展开第一次争论,赫尔摩根提出"约定论",即名由人来定;克拉底洛提出"本质论",即名与实相应。苏格拉底先支持了"本质论",后又支持"约定论",第二次争论要长于第一次争论。

之后,亚里士多德等人支持"约定论",并提出相应的"类比论",实际上都属于"整齐论",即注重规则与类似;而斯多葛学派则支持"本质论",并提出"不规则论",实际上都属于"参差论",即注重不规则与驳杂。

在我国,关于"名与实"的争论更早,可以追溯到孔子、老子、墨子时期,各家的争论也有很多。

(二)中古时期的两线斗争

七八世纪巴施拉学派与苦法学派的争论。在古希腊,巴施拉与苦法为两大著名城市，巴施拉学派强调古典阿拉伯语法，强调语言的严谨与整齐；苦法学派着重对游牧部落语言的研究，强调语言的参差差异。

十三四世纪的摩迪斯泰学派与普利西安语法学派的争论。摩迪斯泰学派强调于对理论的研究，注重程式化，未考虑语言使用情境。普利西安语法学派强调对语言材料的研究，立足于文学文献，注重语言的实际运用。

（三）近古时期的两线斗争

17世纪的唯理论学派与经验主义学派间的争论。唯理论学派认为语言是思想的表现，而思想是普遍性的，因此语言的语法也必然具有普遍性。在唯理论学派看来，语言是人的天赋，是人类理性的呈现，对语言的研究要从语言内部出发。经验主义学派认为，人类的一切知识都是从外部感官印象而来，并不是理性的呈现，而是外部感官的呈现。

（四）现当代时期的两线斗争

现当代时期的两线斗争表现在“谱系论”与“波浪说”之间的争论。“谱系论”学派认为，世界上存在不同语系，每一个语系必然存在其原始的语言，从原始语言这一树根出发，其他同系语言诞生并生出枝丫。因此，每一种语系就构成了一株谱系树。“波浪说”学派认为，语言之间的关系并不是如同树干与树枝那样，只要语言与其他语言进行接触，就会形成波浪式关系。

除了“谱系论”与“波浪说”，还有青年语法学派与方言地理学派之间的争论。青年语法学派认为，语言规律没有例外情况，这是“整齐论”的精神体现。但方言地理学派则认为，每一个词都有着自己的历史，其观点与语言规律没有例外这一观点是对立的。

总而言之，“整齐论”强调语言的、内部的、共时语言，“参差论”强调语言的文化性与民族性。前者是一种偏向超理论、超社会、超形式的语言的语言学,是一种整体的、相对静态的内部语言学;后者侧重功能的、社会的言语的语言学,是一种不规则的、相对动态的外部语言学。前者善于运用公式法与推理法研究语言,后者善于运用调查法与统计法研究语言。

三、三次解放

在对语言学历史总结的基础上,吕叔湘指出语言学的历史最初是为读古代书籍、学习写作服务的。

到了 19 世纪中期,历史比较语言学的兴起使得语言学得到第一次解放,从而寻求新的语言规律。但是这时,语言学仍旧被认为是历史科学的一个分支。

到了 20 世纪初期,以索绪尔为代表的学者强调从语言本身来研究语言,因此使得语言学得到了第二次解放。这一观点延续了半个多世纪,很多学者和流派也都从语言本身来研究语言,从而探讨语言的规律性。

20 世纪 50 年代之后,一些学者不满足于将语言本身作为研究,而是指出应该将语言作为一种社会现象来研究,因此使得语言学得到了第三次解放,这在 20 世纪 60 年代表现得更为明显。

第三节　语言学的分类以及与其他学科的关系

随着对语言学研究的深入,不同学者对语言学进行了划分,如共时语言学与历时语言学、语言与言语等。另外,随着时间的推移,语言学与其他学科的联系更为紧密,关系也越来越复杂。也就是说,语言学逐渐成为社会学家、心理学家、人类学家等研究的热点。基于此,本节就首先探讨语言学的分类,进而探究其与其他学科之间的关系。

一、语言学的分类

根据不同学者的观点，可以将语言学划分为如下常见的几大类。

（一）个别语言学与普通语言学

从研究的对象上来说，可以将语言学划分为个别语言学与普通语言学。前者主要对某一种语言加以研究，如对英语进行研究即为英语语言学，对汉语进行研究即为汉语语言学；后者主要对人类语言这一整体加以研究，以便从理论层面对语言的规律、特点等展开分析和探讨，因此可以将普通语言学称为“一般语言学”。

（二）理论语言学与应用语言学

从研究的侧重点上来说，可以将语言学划分为理论语言学与应用语言学。前者主要对语言的一般理论展开研究，后者是对语言在各个领域实际运用情况展开研究的学科，其也可以划分为狭义与广义两类，狭义的应用语言学主要研究语言教学理论与方法，广义的应用语言学除了研究语言教学理论与方法外，还研究文字制定、词典编纂、信息传达处理、机器翻译等。可见，应用语言学的研究领域非常巨大，有人甚至将心理语言学、社会语言学、精神语言学、数理语言学等都包含在内。

（三）语言的语言学与言语的语言学

这一观点以“现代语言学之父”——索绪尔（Ferdinand de Saussure）的观点为依据。索绪尔认为，语言的语言学主要研究的是“语言”这一唯一的对象，其中所涉及的“语言”指的是音义结合的词汇系统与语法系统，是一种同质性、静态化的纯语言学。

在索绪尔看来,语言的语言学是研究者首先应该重视和研究的。言语的语言学在当时只是索绪尔的一大设想,他认为言语的语言学是一种异质的、动态的语言学。

(四)共时语言学与历时语言学

共时语言学与历时语言学也是索绪尔的观点。所谓共时语言学,又称为"静态语言学",是指研究语言在其发展历史中某一阶段的状态;而历时语言学,又称为"演化语言学",是指研究语言在长期的历史发展中经历的变化。历史语言学、历史比较语言学都属于历时语言学。

(五)内部语言学与外部语言学

内部语言学又可以称为"微观语言学",外部语言学可以称为"宏观语言学"。前者是对语言系统内部各个要素展开的研究,如语音学、词汇学、语法学、语义学、语用学等;后者是与语言学相关的学科,如文化语言学、社会语言学、历史语言学等。

实际上,语言的语言学与言语的语言学、共时语言学与历时语言学、内部语言学与外部语言学都是索绪尔的观点,只不过索绪尔更强调语言的语言学与言语的语言学的研究。但笔者认为,现如今也应该对后面一些分类以及个别语言学与普通语言学、理论语言学与应用语言学等都加以重视,以更好地了解语言学。

二、语言学与其他学科的关系

随着语言学研究的深入,其与人类学、社会学、认知科学、心理学等建立了紧密的联系。这里就来探讨语言学与其他学科的关系。

(一)语言学与心理学——心理语言学

心理语言学主要是研究语言和心理的,是一门只有几十年历史的边缘学科。所以,心理语言学的诞生是语言学和心理学发展的结果。

1. 心理语言学的性质

从广义上来讲,心理语言学是从心理角度研究语言的一门学科。

岑运强(2015)认为,心理语言学是语言学,而不是心理学。

朱曼殊(1990)认为,心理语言学是研究语言的心理过程的学科。

从狭义讲,心理语言学是研究语言与大脑的关系,即研究语言行为和行为发生时的心理过程的科学。

桂诗春(2000)认为,心理语言学是用以考察语言习得、学习和使用的心理机制及心理过程的一门新兴学科。

可见,心理语言学是一门交叉学科,它的研究会对很多学科产生影响,如语言学、心理学、社会学、神经学、教育学、社会语言学、计算机科学等,同时这些学科的研究成果都可应用于心理语言学中。近年来,心理语言学在我国发展的显著特征是,心理语言学在外语教学中的广泛运用。

2. 心理语言学的研究范畴

朱曼殊(1990)认为,心理语言学的研究对象是语言的心理过程,即个体语言活动的心理过程,主要包括语言的产生和理解以及儿童的语言获得。

岑运强(2015)指出,心理语言学的研究范围有语言习得、语言和思维的关系问题、语言的辨识与语言的产生以及语言的生物基础。

桂诗春(2000)认为,心理语言学综合运用语言学和心理学的理论和实验方法来研究语言的习得、学习和使用的心理过程。

就整体而言,心理语言学是以语言习得和使用的心理过程为主要研究对象的。这一特点将心理语言学与以研究结构为目标的理论语言学和以研究功能为目标的社会语言学区别开来。

（二）语言学与社会学——社会语言学

社会语言学(Sociolinguistics)是应用语言学的重要分支。是20世纪50年代才兴起的一门较年轻的学科。所以,关于社会语言学的性质、特点、研究内容等,语言学家和社会学家还没有形成统一的认识。

1. 社会语言学的性质

英国语言学家戴维·克利斯特尔(David Crystal)指出,作为语言学的分支之一,社会语言学主要对语言和社会的各种关系进行研究。例如,研究社会集团语言是否具有同一性、社会对语言是怎样的态度、语言采用哪些标准与非标准形式等。

美国社会语言学家罗杰·夏伊(Roger W. Shuy)指出,社会语言学是语言与社会交叉形成的一个复杂领域。他指出,社会学、语言学和教育方面的研究都属于社会语言学。

在讨论社会语言学时通常会论及语言学、社会学。有学者认为二者是不同的,认为虽然都是对语言学与社会学二者的关系进行论述,但重点是探讨语言如何在交际中发挥作用,语言社会学则倾向于通过对语言的研究来了解社会结构。

2. 社会语言学的研究范畴

社会语言学的研究范围有微观和宏观之分。微观社会语言学又称“小社会语言学”,其以语言为出发点,研究语言的社会性变异,探讨社会因素对语言的影响,考查语言变异发生的原因和规律等。宏观社会语言学又称“大社会语言学”,其以社会为出发点,研究社会中的语言问题,探讨语言在社会组织中所发挥的功能。实际上,二者并不是相互对立的,而是相通的。

(1)微观社会语言学,语言总是处于不断的变化当中。语言的变化有两种,一种是语言作为一个有机体而自发进行的自我调适行为,属于客观的、语言结构内部的变化,称为“内部变化”。另一种是因语言结构外的社会因素引发的变化,是社会中的某些

“言语共同体”为区别其自身的社会特征而主观产生的变化，称为“外部变化”，又称“变异”，而变异的结果是“社会方言”。微观语言学就是研究语言变异和导致变异的社会因素之间的关系，揭示变异的规律，寻找导致语言变异的社会参数。

微观社会语言学常采用统计的方法和概率的模式来描写变异现象。引发语言变异的社会变项包括性别、年龄、阶级、城乡、教育程度、职业等。基于这些变项，微观社会语言学主要包含以下内容。

其一，语言的性别变体。性别变体是指因社会性别的不同形成的语言变体。社会中的男性和女性因为生理、心理以及社会等方面的不同，在语言习得、语言能力和语言运用上呈现出一定的差别。通常，女性的语言能力要比男性强，身份意识很强，关心语言的形式，注重语言的清晰性和规范性，用词比较文雅，表达比较委婉，常用疑问句。相比较而言，男性更注重言语的内容，常使用非标准化的语言形式，表达率直、肯定、粗狂，常用降调和祈使句。在对语言运用的态度上，男性和女性的态度也截然不同。从社会的角度来讲，由性别差异形成的语言变体，对男性和女性的社会地位有着直接的反映，即男性处于社会主导地位，女性处于社会从属地位。

其二，语言的年龄变体。年龄变体是指因年龄差异形成的语言变体，如儿童、青年、中年、老年等语言的差异。很明显，不同年龄的人的话语有很大不同，所以语言的年龄差异实际上是语言在时间上的差异，体现的是语言在同一时代不同年龄层面上语言的渐变。语言的年龄差异有大有小，这主要受时间和地点差异的影响。社会变化越快，语言年龄差异就越大。语言年龄差异最明显的是词汇，其次是语音和语法。通常，年龄相差越大，语言差异就越大，而年龄越大语言越稳定，青少年往往追求语言的标新立异，是语言变异的先驱。

其三，语言的阶级变体。阶级变体是从社会阶级角度划分的社会方言。因社会身份、经济地位、从事的职业、教育程度等的不同，社会分为不同的阶层，不同阶层的人们所使用的语言有着不同的特点，形成了不同的语言变体。例如，日本的德川时代，社会分为士、农、工、商四个不同的阶层，每个阶层的人们都使用不同于其他阶层的语体。

其四，语言的地域变体。地域变体是从社会地理角度划分的社会方言，包括城市与乡村社会方言的差异以及因某些地域原因产生的语言变体。城、乡语言的发展演变速度是不平衡的，城市语言变化快，乡村语言变化慢。例如，就“医生”这一称呼而言，在湖北省武汉市叫“医生”，在鄂南农村多叫“郎中”。“医生”是近现代西方医学传入中国后对行医者的规范称呼，而“郎中”则源自宋元以来南方汉语中对中医的称呼。不同的称呼反映出了不同的社会环境和历史文化背景。

其五，语言的职业、集团变体。职业变体是从社会分工的角度划分的社会方言，具体是指在某个专业领域所使用的符合本领域特点的语言形式，多是词汇形式的变异。职业变体主要包括术语和行话。具体而言，术语和行话是职业或专门领域为准确表达和有效沟通所使用的语言形式。

（2）宏观社会语言学。宏观社会语言学是从社会学、人类学、心理学、历史学、地理学、哲学等其他社会学科的角度研究语言与社会的关系。宏观社会语言学侧重研究语言的社会功能，具有很强的解决社会现实问题的应用性，其常采用定性的、阐述性的研究方法。

宏观社会语言学研究的内容主要包含以下四个方面。

其一，社会学的社会语言学。社会学的社会语言学主要研究语言与社会的宏观战略性问题，如一个国家或地区为实施语言文字的行政管理所制定的法律法规和宏观的规范、措施。具体而言，国家的官方语言，国家语言的确立，文字的改革，语言的规范化，多语言社会标准语言与方言的关系，国家与研究教育政策等都属于宏观社会语言学研究的内容，其研究成果主要应用于国家、政府的语言决策和建设。

其二，文化学的社会语言学。文化学的社会语言学主要研究语言与文化之间的关系。其具体研究内容包括因文化交流而产生的外来词、洋泾浜语、混合语，语言对文化的影响和制约，语言的禁忌和崇拜、亲属称谓的文化人类学研究，人名、地名的历史文化内涵等。

其三，民族学的社会语言学。民族学的社会语言学的主要研究内容包括立足于少数民族母语的双语教育，少数民族语言与主要民族语言的相互影响，少数民族母语的价值与维护，少数民族文化的推广和翻译等。

其四，语用学的社会语言学。语用学的社会语言学以不同语域和语体的言语活动为研究对象，研究语言的功能变体和语言转换，也就是研究言语交际的原则、策略、会话结构和风格等。具体包括语域变体、语体变体、会话分析等。

（三）语言学与神经学——神经语言学

神经语言学（Neurolingustics）是一门与心理学、神经分析学、生物学等多种学科相关的交叉学科，是研究语言的重要手段之一。它运用神经科学和语言学中的一些方法和理论来研究语言的生成机制，对语言的感知、处理和习得等各层次神经系统进行分析。无论从理论还是实践上，神经语言学都对现代语言学有着重要的贡献。

1. 神经语言学的性质

神经语言学的定义有狭义与广义之分。狭义上，神经语言学是由多个学科相互交叉、相互促进形成的一门边缘学科，它用神经科学的方法研究言语生成、言语理解、语言习得、语言掌握的神经机制和心理机制，分析人类大脑如何接受、储存、加工和提取有效信息，探索人类学习和使用语言的神经学基础。在广义上，神经语言学涉及神经生理和医学科学、计算机科学领域的人工智能、哲学领域的逻辑生成等多个学科，但不仅仅是这些学科的简单相加,而是运用这些学科的方法来研究自然语言与大脑神经的关系。简单来讲,微观上的神经语言学研究人类大脑中的神经心理活动,宏观上的神经语言学研究作为人类重要社会活动的言语行为。

神经语言学最终要探索的是语言与意识的起源问题,以及语言与意识的关系和活动规则等问题。这就说明,无论是依据语言学的理论提出假设,用神经科学的方法进行验证,还是依据神经科学对语言活动现象提出假设,通过语言学理论得出结论,神经语言学都是为现代语言学研究奠定坚实基础的自然科学基础。

西方语言学家认为,认识和揭示人类自然语言存在的本质,是神经语言学研究的重要成果。此外,神经语言学还在很多领域发挥着重要的实践作用,如语言教学、外语教学、失语症治疗等领域。神经语言学不仅在理论上对现代语言学的贡献卓越,而且在语言学的应用上也发挥着关键作用。语言的研究十分困难,人类的大脑更是复杂,而神经语言学就是研究这复杂的两方面的关系,其难度是不言而喻的。但是,正是因为神经语言学不断地探索未知的世界,而且具有重要的理论意义和实用价值,所以备受语言学界的关注和重视。

神经语言学作为一门独立的学科建立的时间虽然不长,不过几十年,但其产生的历史背景是十分久远的。最早可追溯至公元前,古希腊哲学家亚里士多德在其著作《灵魂论及其他》中提到了各种各样的感觉形式与这些形式对于知觉的作用,尽管没有明确指出语言和神经的概念,但也是最早对大脑与语言关系的论述。亚里士多德对所有可感知的精神活动进行了分类,细分出多种思维与判断的功能,是人们在大脑中对这些功能有所印象,不至于混淆它们的概念。继亚里士多德之后,有很多的哲学家和语言学家开始对语言以及人类的诸多活动进行分析。

公元4世纪左右,哲学家尼梅希(Nemesius)在《论人性》中论述了语言和大脑、感觉、记忆、思考的关系的问题,并在总结前人理论的基础上创造了脑室学说,这一理论在文艺复兴之前一直都是研究大脑与语言关系的基础学说。

17 世纪后期至 18 世纪前期，有学者将研究的视角转向分析人类大脑内部的精神和灵魂，最具代表性的人物是英国学者笛卡尔（Descartes），他提出松果腺位于大脑底层中央，是一个具有最完善机能的腺体。松果腺可以通过各种条件反射进行相关活动，笛卡尔称其为"大脑的灵魂部位"。之后，斯波兹海姆（Spurzheim）在总结前人理论的基础上，提出了完整的颅相学，开始对大脑器官的心理过程进行描述。

19 世纪中叶之后，众多的神经心理学家、神经医生以及神经病学家开始对脑部的行为进行临床分析。他们不仅在探索的内容上研究得更加细致，在研究方法上也由过去的单纯性推测转向实际的病变研究。其中，最具代表性的人物是法国著名神经解剖学家布洛卡（Broca）和德国神经病理学家韦尼克（Wernicke）。布洛卡于 1865 年发表一篇题目为《我们用大脑左半球说话》的论文，这篇论文可以说是脑功能研究历史上的一座里程碑。韦尼克多年都致力于对神经病与大脑特殊区域之间联系的研究，试图将多种类型的失语症与大脑中不同区域的精神活动损伤结合起来。

在此之后，越来越多的学者开始对大脑神经与语言的关系进行研究，促进了神经语言学的产生。

2. 神经语言学的研究范畴

人类神经语言学是研究各种语言活动中的神经机制的学科，主要研究对象是人类语言与人类神经系统之间的关系。在人类的神经系统中有很多器官和组织都与语言行为有着密切的关系，大脑可以说是与语言关系最为密切的神经器官，所以神经语言学主要研究的对象是语言的脑机制。无论从语言的生成和理解角度，还是语言的习得与掌握角度，神经语言学都是以语言的神经生理机制和语言障碍的神经病理机制为研究内容的，此外也对人类大脑如何进行各种语言信息活动进行分析。

王德春(2001)指出,神经语言学的任务是多方面的,从哲学理论的角度而言,对神经系统与语言之间的关系进行研究,可以探索人类语言和意识的起源、语言与思维的关系等问题;从语言交际的角度而言,对语言过程中的神经心理进行分析,可以解释语言生成与语言理解的神经机制。

详细而言,神经语言学的研究范畴包含以下几个方面。

(1)神经语言学研究语言生成方面的神经机制。语言生成的内部过程包括语言表述动机、语义初迹、内部语言、外部语言等要素。表述动机是语言生成的基础,语言表述是一种有目的的活动,只有以某种动机为基础才能生成。在有了表述动机之后,就会形成语义初迹,也就是以传入的有关神经刺激为基础,对大脑皮层的活动进行控制。内部语言和外部语言是多个神经机能区协同活动的过程,过程中的每一环节都和人类大脑中的某一部位发生反应关系。

(2)神经语言学研究语言理解方面的神经机制。人类理解语言的过程是一个复杂的神经心理过程,这一过程与语言生成相反。语言理解的过程包括语音感知、词汇识别、句式构造、语义图式和意图推测等环节。语言理解首先从语音感知开始,通过对语音不断进行感知来接收语言的声学信号,从而区别音位。之后听者会将这些音位进行组合,并与记忆中的词汇进行对照,也就是进行词汇识别。在此之后,就要通过句式结构和语义图式来理解句子的整体意义,同时推测话语的内在意图。可以看出,人类的语言理解始于感知语音,经过大脑对语音的分析,总结主要的语言内容,从而深入理解话语的含义。

(3)神经语言学研究语言习得的神经机制。语言习得既包括对本族语言的习得,也包括对外语的习得。本族语语言习得和外语习得都是发展人类总体语言能力的过程,都与神经机制的活动有关。儿童的语言习得与神经心理发展有密切关系,儿童从出生到基本习得本族语言,大致需要五六年时间。这一时期大致包含四个阶段,即辨声练音期、声语过渡期、形成发展期、成熟完善期。

语言习得是以神经生理发育为基础的，而且神经系统的能动反应的功能还反作用于神经生理过程，在一定程度上促进发育。外语习得的神经机制与本族语在神经生理和神经心理上存在异同，神经语言学就从生理和心理的状况对其进行深入的研究。

（4）神经语言学研究其他的语言或言语行为的神经机制。例如，认读与书写词汇的神经机制、语言不同群体进行语言活动的神经机制和语言调节的神经机制等都是神经语言学研究的内容。

（四）语言学与文化学——文化语言学

文化语言学是一门边缘性学科，是宏观语言学的一个重要分支，其主要探究的是语言与文化的关系。文化语言学是语言学众多学科中与任何社会紧密相连、最富人文内涵的一门学科。在文学语言学还未形成之前，语言学就已经对语言与文化的关系问题进行了研究。到 20 世纪 80 年代，国际上形成了一股文化研究热潮，文化语言学随之产生并发展成一门独立的学科，其对语言的研究产生着广泛的影响。

1. 文化语言学的性质

1996 年，美国语言人类学家加利·帕尔默（Gary B. Palmer）在《文化语言学理论构建》一书中对文化语言学展开了系统研究，他是首次将文化语言学当作一门学科来加以研究的学者。但加利·帕尔默对文化语言学的解释与我国 20 世纪 80 年代之后发展起来的文化语言学几乎没有相同之处。我国学者认为，文化语言学关注的是语言的文化背景，是西方语言人类学与中国文化学相结合的产物。当前，我国的文化语言学的研究者主要是汉语学者、少数民族语言学者和外语学者，研究成果主要集中在汉字与文化、方言与文化、词汇与文化、语言与民俗、语言交际与文化、外语教学与文化等方面。关于文化语言学的界定，至今没有形成统一的观点。

吕叔湘（1988）指出，文化语言学是一个民族的某种文化现象在这个民族的语言里有所表现，或者反过来说是某一个民族的语言里有某种现象表示这个民族的文化的某一个方面。根据这一理解，文化语言学自然是语言学的一个方面，是值得研究的。但如果说只有这样才算是语言学，其余的都不是，那么是很难被人认同的。

对语言与文化关系的理解不同，对语言的文化意义研究的角度不同，就会形成对文化语言学学科属性的不同看法。总结现有的研究，可以从以下几个方面来认识文化语言学的学科属性。

（1）文化语言学是研究语言与民族文化关系的学科。语言的起源、形成、发展以及使用等，都紧密依存于社会，存在于使用它的人群中。所以说，语言是一种社会现象，语言与社会共同产生和发展，也会随着社会的消亡而消亡。社会之外不存在语言，所以研究语言及其发展规律，就要将语言同社会历史，同创造和使用这种语言的民族历史紧密联系起来。社会和文化对于语言而言，不仅仅是一个存在的环境，它们渗透至语言的各个方面，所以当人们把眼光从语言符号本身移开，就会发现语言不仅仅是一个单纯的符号存在于社会中，而是与所处的环境和文化密切相关。

一个民族的文化所蕴含的内容十分丰富，包含着该民族的整个生态环境。只要是与该民族的社会活动相关的因素，如社会文化、观念文化、物质文化、地理文化等，都影响着该民族所使用的语言。所以，文化语言学就是要对这些凝结于语言身上的文化进行分析。这种分析工作具体包含两个方面：一是分析语言状态来观察、了解民族文化的构成，二是根据民族文化背景来观察语言的存在状态和发展变化。

文化的存在具有层次性，有全人类的文化，也有各个民族、各个社会的文化。即使在同一个民族和社会中，也会因地域、阶层、观念的不同而体现为各具特色的地域文化、阶层文化、观念文化。文化语言学虽然是以语言为研究对象的语言学学科，但其更多地关注的是民族文化，而非全人类文化，所以文化语言学是一门专注语言文化研究的语言学学科。

（2）文化语言学是阐释性学科。有学者指出，一直以来语言学研究的目的都可以分为两类：一是对语言的历史和现状进行细致的描写，从而寻找和总结一些有规律性的东西；二是对总结出来的语言规律进行解释，阐述这些语言规律的前因后果。实际上，现代语言学中的诸多学派，其研究目的基本都在描写与阐释之间来回摆动。就研究目的而言，文化语言学属于阐释性学科，其阐释的是语言所包含的文化意义，而不再仅仅是语言结构范围内的形式研究和语义研究。

将文化语言学的学科属性定位于阐释性学科，实际上表明了文化语言学更加注重语言背后的内容，文化语言学就是要通过研究来挖掘隐藏在语言内部和背后的文化因素，来阐释语言与其所赖以生存的人文环境、社会环境的关系。

（3）文化语言学是交叉性学科。文化语言学是一门建立在以语言结构系统为对象的结构主义语言学和其他多种人文性学科之间的交叉学科，主要是在狭义语言学与其他人文学科之间找到互动的关系。从某种程度上来说，文化语言学属于广义语言学的范畴，其研究所需要的不仅仅是有关语言本体的知识，还需要与语言的历史背景密切相关的各种知识。也就是说，对社会、历史、文化方面的知识了解得越多，对文化语言学的研究越有利。

2. 文化语言学的研究范畴

对于文化语言学，很多学者进行了深入的研究。在我国学者中，邢福义教授的研究最为典型。在他看来，文化语言学主要涉及如下几点内容。

（1）文化语言学主要对语言与文化的关系进行研究。具体来讲，文化语言学主要研究语言与文化的对应关系、地域文化与社会文化的对应关系，如果彼此之间存在这种对应关系，那么文化语言学也需要探究这种对应关系是什么样的对应关系，并分析其原因。

（2）文化语言学对语言对文化的作用进行研究。具体来讲，文化语言学探究语言对文化的产生与发展、传播与冲突等，并分析语言是如何对文化产生影响的以及对文化产生影响的特点有哪些。

（3）文化语言学对如何通过语言分析文化进行研究。具体来讲，文化语言学探究语言是否是文化的记录符号，如果是文化的记录符号，那么语言是如何记录的。

（4）文化语言学对文化对语言的作用进行研究。具体来讲，文化语言学探究文化对语言的产生与发展、接触与融合等。

（5）文化语言学对如何通过文化来分析语言进行研究。具体而言，文化语言学应从文化的角度解释某些语言现象，研究语言的文化性质。

（五）语言学与人类学——人类语言学

人类语言学又称“语言人类学”，其产生于20世纪初期，于20世纪50年代开始发展，现在已经发展成为应用语言学中一门比较成熟的学科。简单而言，人类语言学就是运用语言学和人类学的理论和方法来研究社会民族文化的一门学科，其主要研究语言的起源、语言与思维、语言与民族、语言与社会文化等。

1. 人类语言学的性质

人类语言学是随着西方文化人类学的发展而产生的。西方人类学直接源于对美国土著印第安人语言和文化的研究。1911年，人类学家鲍阿斯出版的《美国印第安语言手册》第一卷成为现代人类语言学的里程碑。

《辞海》中这样界定：人类语言学是人类学与语言学的边缘学科。研究语言材料与民族及其文化行为的相互关系。它注重把语言置于文化背景中来考察它的起源、结构、演变过程，考察它与社会环境、思维方式、民族心理、宗教信仰等文化要素的关系。

2. 人类语言学的研究范畴

人类语言学研究不仅涉及一些重要的人文学科，如语言学、文化学、社会学、心理学、跨文化交际学，还涉及语言的起源与发展、语言的习得、语言的描写、语言的比较、方言学等一些语言学的重要领域。人类语言学的研究突破了纯语言形式研究模式的束缚，将语言置于人类赖以生存的文化环境中加以研究，这显著拓宽了语言学研究的空间。

人类语言学的主要研究内容是人类学环境中的言语或语言，具体包含以下几个方面。

（1）评价各种语言的异同。

（2）民族词语与其他兴趣领域之间的关系。

（3）语言模式对一个民族基本观念的认识。

（4）介入人与人之间相互作用的话语规范。

（5）戏剧和艺术动机如何以言语表现。

（6）言语层次间或变体间的关系，社区各种类型及其界限。

（7）语言间类同点的归纳和界定方式。

近年来，人类语言学研究的重点有所转移，主要倾向于以下几个方面。

（1）欧洲语言的混杂语言，如洋泾浜英语、克里奥尔法语等。

（2）语言的社会变体。对其进行研究有助于了解语言在移植到新的环境过程中的演变和促进演变的各种文化因素。

（3）对话语模式和体态的微型分析。

（4）语言间的异同及其社会文化根源。

理群（1991）对人类语言学研究的问题进行了系统探讨，具体包含以下几个方面。

（1）在研究人和语言时首先要要面对语言起源问题。人类语言学如果能够与生理语言学、体质人类学等结合起来研究，或许能够解决语言起源的问题。

（2）就某种意义而言，一个民族的语言就是一个民族的历史，因此人类语言学就是将语言当作一种文化构成的现象，并重点探讨语言与人类历史、社会和民族的关系。人类语言学最为关心的问题就是语言与人类生成的一切关系。

（3）人类语言学也十分关注语言与思维的关系。语言与思维的共同规律，这些规律与语言规律的关系，人类演化过程中思维规律和语言规律的发展过程等都是人类语言学研究的内容。

（4）人类语言学注重对词义的研究。对同义词、多义词、词义的延伸等词义形式进行研究有助于加深对语言背后民族文化的了解。

（5）人类语言学还研究人类群体和语言社团之间的关系，这有助于了解各民族的发展过程。

（6）人类语言学家非常关注民族语言之间的相互渗透，并对其进行了深入细致的观察和研究。

（7）社会人类学家还通过对语言中的语音、语感、语义等问题的研究来了解不同社会民族的文化。

史灿方（2005）认为，人类语言学研究的主要目的是从语言的层面揭示人类的发展变化，所研究的内容也是以此为中心，具体包含以下几个方面。

（1）语言功能论。

（2）语言思维论。人类语言学要探索各民族的语言思维模式和民族语言心理特征，研究他们在特定语言结构下的情感价值观、行为理念和生活观念。

（3）语言和社会文化的特质论。语言不仅是一种社会现象，也是一种文化现象，以语言为基础来研究民族的社会文化，有助于探究语言对社会和文化的作用。

（4）语言与民族的关系论。人类语言学致力于考察世界各民族地区的语言文化差异，探索语言在民族文化形成中的作用，研究民族语言的接触与融合以及语言类型与民族关系等问题。

（5）语言文字与人类考古。语言和文字记载着人类文化，通过对字形分析、方言考释和历史印证等，可以还原一个民族的社会结构形态和精神生活面貌，勾勒出当时的社会图景。

林书武（2000）认为，人类语言学包含以下几个基本研究课题。

（1）语言类型研究。

（2）语言与思维的关系。

（3）语言接触。

（4）言谈民俗学。

可以看出，人类语言学的研究视野十分广阔，而且所取得的研究成果也十分丰硕，对社会科学的发展起到了重要的推动作用。

第三章　语言学与大学英语教学研究

语言学理论对于外语教学有着重要的指导意义。一方面，宏观语言学对于语言教学法的发展趋势有着重要的影响；另一方面，微观语言学有助于教师更好地将语言知识与自身的教学策略结合起来。简单来说，语言学理论可以为语言教学的开展提供重要启示。因此，教师如果能够对语言学基础理论加以掌握，那么必然有助于提升语言教学的效率与质量。基于此，本章就来分析和探讨语言学与语言教学的关系。

第一节　语言教学的内涵

随着人类的发展与科技的进步，人类自身的语言在不断扩展，人们对语言的认识也逐渐深化。与之相对应的是，语言学理论、语言教学理论也在不断更新。本节就首先来论述什么是语言教学，语言与语言教学的关系及衍生的语言教学法。

一、什么是语言教学

（一）教学

作为一项活动，教学贯穿整个人类社会的生产与发展过程中。也就是说，教学在原始社会就产生了，只不过原始社会将教学与生活本身视作一回事，并不是将教学视作独立的个体存在。

但是,随着社会的不断发展,教学逐渐独立出来,成为一个单独的形态存在,并对人们的生产生活产生着重要的影响。由于角度不同,人们对教学概念的理解也不同,因此这里从常见的几个定义出发进行解释。

(1)将教学等同于教授。从汉字词源学上分析,“教”与“教学”有着不同的解释,但是在我国教育活动中,人们往往习惯从教师的角度对教学的概念进行解释,即将教学理解为“教”,因此“教学论”其实就等同于“教论”。

(2)将教学定义为学生的学。有些学者从学生“学”的角度对教学进行界定,认为教学是学生基于教师的指导,对知识进行学习的过程,从而发展学生自身的技能,形成自身的品德。

(3)将教学定义为教师的教与学生的学。有人将教学视作教师的教与学生的学,即教师与学生将课程内容作为媒介,为了实现共同的目标,彼此共同参与到活动中。也就是说,教师不仅包含教,还包含学,教与学是同一过程的两个方面,彼此相辅相成、不可分割。教学的根本目的在于促进学生的进步和发展。因此,这一观点是对前面两个观点的超越。

1.教学的本质

其一,教学是有目的、有计划的活动。说教学具有计划性、目的性,主要是因为教师是为了让学生获得知识与技能,实现多层面的发展。在教学活动中,教师需要按照教学任务与教学目的,将课程内容作为媒介,通过各种方法、手段等引导学生进行交往与交流,促进学生全面发展。

其二,教学是教师教与学生学的统一活动。通过上文对教学的定义进行介绍可知,无论就哪个角度而言,人们都不能否认教学活动是“教”与“学”的过程,并且二者是相互制约、相互依赖的关系。在课堂中,教师的教离不开学生的学,学生的学自然也离不开教师的教,因此二者是同一过程的两个层面。正如王策三在《教学论稿》中所说:“所谓教学,乃是教师教、学生学的统一活动；在这一活动中，学生掌握自身需要的知识与技能，同时促进自己身心的发展。”①

需要指明的是，教学并不是教与学的简单相加，而是教师指导学生学习的过程，是二者相统一、相结合的过程。要想保证教与学的统一，不能片面地强调只有教或者只有学，也不能片面地简单相加，而应该从学生自身的学习规律与身心发展特点出发，进行教与学的活动。从这一点来说，教师教学能否成功的关键是学生的学。

其三，教学活动是教师与学生以课程内容作为媒介的共同活动。也就是说，在教师教与学生学之间，课程内容充当中介与纽带的作用。师生围绕这一纽带开展教学活动。因此，课程内容是教学活动能否开展的必要条件。

其四，教学是一项交往活动。也就是说，教学的本质是人与人之间的交往，是一种重要的社会活动，其体现了一般的人际交往与语言交际的特征。以英语教学为例，这一交往活动就表现为师生之间围绕共同的目标、共同的话题展开对话与合作，从而使学生不断提升自身的表情达意能力，提高自身的文化意识与情感态度，促进自身学习策略的进步与发展。

其五，教学的本质在于意义建构。教学活动的目的在于促进学生的全面发展，实际上这一目的实现的过程就是学生不断建构知识意义的过程，即学生对原有知识与经验进行重组，对新知识的意义加以建构的过程。在实际的学习过程中，学生只有将新旧知识的意义结合起来，才能真正地学好知识、掌握知识。

2. 教学的作用

教学的作用有很多，可以概括为如下几点。

其一，教学是以有目的、有计划的组织形式进行知识经验的传授，这有助于保持教学活动良好的节奏与秩序，从而提升教学的效果。各项规章制度对教学行为进行规范，使教学活动更具有

① 王策三．教学论稿[M]．北京：人民教育出版社，1985：88-89.

整齐性与系统性，避免随意与凌乱，最终使教学变成一个专业性极强的特殊活动。

其二，教学研究者考虑知识的构成规律，经过科学的选择，将内容按照逻辑循序编纂成教材，教师根据这样的教材进行教学，有助于学生认识世界，这要比学生自己选择知识更具有优越性。

其三，教学是教师在精心安排与引导的过程中进行的，这样可以避免学生自身学习的困难，帮助他们解决具体的问题。同时，教师会选择最优的方式展开教学，这保证了学生学习的每一步都能顺利开展。

其四，教学不仅是为了传授知识，更是为了完成全方位的任务，既包含知识的获得、能力的提升，又包括个性特长的发展、品德的完善，这种全方位的发展只有通过教学才可以实现。

（二）语言教学

所谓语言教学，是指采用特定的技巧与方法，将语言理论通过教育者有计划、有目的地进行传达的活动。语言教学是教育工作的重要组成部分，其根本目的是帮助学习者掌握一门具体语言并将之应用于具体交际活动中。具体而言，语言教学主要涉及如下几点内容。

1. 语言知识

学习一门语言的基础在于学习语音、词汇、语法、语篇、功能等，当然这在英语语言学习中也不例外。英语学生学习英语的首要目的就在于学习这些语言知识，这些基础知识是培养学生综合语言能力的重要部分。也就是说，高校学生要想熟练运用英语语言，首要基础就在于对语言知识的把握。

2. 语言技能

除了学习语言知识外，英语学生还需要学会英语语言的五项技能，即听、说、读、写、译。听力技能是为了培养学生对话语含义的识别、理解与分析能力。口语技能是为了培养学生输出已知信息、表达自身思想的能力。阅读技能是为了培养学生对语言内容的辨认与理解能力。写作技能是为了培养学生运用书面形式输出已知信息、表达自身思想的能力。翻译技能是为了培养学生的综合能力,涉及信息的输入与输出。听、说、读、写、译是学生综合运用能力的基础,通过这五项技能的训练,可以保证学生在具体的交际实践中做到得心应手。

3. 文化意识

语言与文化有着密切的关系,因此对语言的学习也离不开对文化的学习。如果语言教学脱离了文化教学,那么语言教学就没有思想性、人文性。因此,在教授英语时,教师需要引导学生弄清语言背后的文化知识,如西方国家的地理历史、风土人情、生活习惯等。在具体的教学中,有两点需要注意。

(1)要考虑学生自身的心理需求与认知能力,将文化知识循序渐进地导入教学,从而不断培养他们的文化意识,拓宽他们的文化知识。

(2)在引导学生学习西方文化时,不是盲目地引入,要避免学生出现崇洋媚外的情况。

4. 学习策略

对于学生而言,学习策略是学生掌握知识与方法的关键步骤。在英语语言学习中,学习策略起着举足轻重的作用,常见的学习策略有很多,如调控策略、情感策略、认知策略等。学生只有培养自身的学习策略,才能更好地开展英语学习,提升自身的英语能力。具体而言,体现为如下两点。

(1)学生所采用的学习策略是否得当直接影响着学生学习效率的提升。也就是说,如果学生采用的学习策略得当,那么有助于学生养成良好的学习习惯。

(2)学生运用恰当的学习策略有助于学生改进自身错误的学习方式,减少学习中遇到的困难,即使遇到困难也会找到合适的解决方式,最终提升自身的学习效率。

在大学英语教学中，教师应该引导学生找准适合自己的学习策略，对自己的学习过程进行监控，如果在学习中遇到问题，也会调整自己的学习策略，尝试不同的策略。

二、语言学与语言教学

（一）语言学与外语教学的关系

语言教学实际上属于应用语言学，而应用语言学又属于语言学，因此语言学与语言教学密切相关。对于教师来说，他们掌握一些语言学知识，能够更清晰地了解语言的本质。因此，作为一种科学，语言学知识应该成为教师的基础知识。

有人认为，教授语言的教师本身已经掌握了很多语言知识，因此他们应该将更多的精力放在学习语言教学法上。显然，这一观点是错误的，教师只有了解了这些语言学知识，才能更好地掌握语言学理论指导下的相应的教学法。

著名学者麦克唐纳（McDonough）指出，教师和学生掌握一些语言学理论，并将这些理论运用到实践之中，对于语言教学与学习发挥着重要作用。这是因为传统的教师往往都将一些解释不通的现象定义为“这是固定说法”“这是例外”等，这样的说法显然让学生不理解，学生往往只能靠死记硬背来记忆。与这样的教师相比，掌握语言学理论的教师能够根据语言特征对具体问题进行解释，这样的解释对于学生而言更有说服力。

对教授语言的教师来说，他们不应该只是将语言知识传授给学生，而应该将完整的、真实的语言传授给学生。此外，教师应该认识到语言学中不仅存在一个流派，而是多个流派，不同的流派有着自身的理论和教学法。因此，教师应该不断汲取不同语言学派的优秀成分，寻找适合自己、适合不同学生的教学法。

（二）语言学理论在语言教学中的应用

任何一种语言教学法的形成与发展都与语言学有关，即建立在某些语言学流派的基础上。无论是传统语言学还是当代语言学流派，不仅呈现了自己的语言学理论，还产生了相应的外语教学法观点和流派。

当前，比较著名的外语教学法流派有翻译法、直接法、听说法、视听法、沉默法、暗示法、交际法等。限于篇幅，下面仅介绍其中的几种。

1. 翻译法

翻译法（Translation Method）又叫“语法翻译法”，在我国最早叫“译授法”，是教文字的方法。翻译法产生于中世纪的欧洲，是当时人们学习拉丁文、希腊文的一种方法。进入十八世纪，欧洲一些学校专门开设了外语课，现代外语教学就自然而然地采用了这一方法展开教学。可以说，它是外语教学里历史最久的教学法。

翻译法分为语法翻译法和词汇翻译法。翻译教学法的共有特点是：（1）用母语组织教学，讲到一个单词就用母语解释，讲到一个句子就用母语翻译；（2）以传统的语法和词汇教学为中心，讲语法先讲解语法规则，然后用例句进行操练，加深理解，讲解词汇就用母语解释其用法，课文的讲解就是由这些语法和词汇讲解所构成。

翻译法是外语教学中最悠久的教学法，它有以下优点：（1）用翻译法解释语法和词汇，能使学生更好地理解抽象词的应用和较为复杂的句子；（2）在教学运用方面不需要特别的设备，只要一本教科书就行了。

翻译法最大的缺点就是不利于语言的应用和交流。学生虽然掌握了不少的语法知识和词汇，却不能进行口语交流，连起码的听力都成问题，因为翻译法不注重语音、语调的学习，教学中只是简单地罗列规则。另外，翻译法强调背诵，课堂气氛单调，不利于调动学生学习的积极性。

2. 直接法

直接法产生于19世纪工业和科技迅速发展的欧洲。欧洲各国争相寻找市场，开拓殖民地，于是对学生的外语学习提出了很多新的要求。传统的翻译法已经不能和当前的社会需要相契合，因此在外语教学中诞生了直接法。直接法包含三层含义，即直接学习、直接理解与直接应用，其是通过外语自身展开对话、交谈等来教授外语知识与技能，在这样的课堂上，是不使用母语的。

直接法具有几个明显特点：(1)学习外语和学习母语是完全一样的，是在自然环境中习得的；(2)在外语和客观事物间直接建立联系，不用或少用母语，避免母语的干扰；(3)学习外语就是通过不断的模仿和机械练习，最后达到熟能生巧的程度；(4)不注重语法学习，把它放在次要位置，讲语法主要是通过归纳法，不用演绎法；(5)句子是教学的基础，只是背诵现成句子，不求分析句子和词与词的关系；(6)强调语音和口语教学，外语教学从口语着手，在听说基础上再学读写，最后达到听、说、读、写的全面发展。

直接法的优点是：(1)对语音、语调非常重视，这是口语学习的关键层面，通过对这两个层面的掌握，有助于提升学生的听说能力；(2)注重朗读、模仿与熟记，有助于学生提升自身的语言技能，培养自身语言学习的良好习惯；(3)重视教具的辅助作用，有助于吸引学生的兴趣和积极性，帮助他们集中注意力，构建认知思维，加速外语与客观事物的直接关联性；(4)重视将句子作为单位展开教学，有助于学生提升自己的外语应用能力。

直接法也有自身的缺点：(1)把外语学习与母语学习混为一谈，忽视了在母语环境中学习外语的客观事实，把外语学习过于简单化，完全否认了母语在学习外语中的作用；(2)把幼儿学习母语与学生学习外语同等，忽视了不同年龄的认知差别；(3)忽略了语法作用，过分强调模仿和记忆，不能达到活学活用的目的。

3. 听说法

听说法也叫“句型教学法”，产生于“二战”时的美国。“二战”爆发后，美国派出大量士兵出国作战，需要士兵掌握所去国的语言，因此成立外语训练中心，研究外语教学方法，编写外语课本。由于他们要求的是听和说，训练方法也是听和说，听说法就这样产生了。

听说法的特点，概括起来有以下几点。(1)听说领先，读写在其后。语言的学习起初要强调听说，在听说的基础上再进行读写的训练。(2)教学中将句型作为中心，也就是说语言技能的培养要将句型的熟练掌握作为基础，在教学中让学生反复进行训练，让他们能够对每一个句型都能熟练掌握。(3)少用母语。只有在不得已情况下使用母语，通常情况下是利用上下文、所学外语、直观教具等方法释义。(4)广泛使用现代电化教学方法。如语音室、多媒体等。(5)对比两种语言结构，确定外语教学难点。把外语和母语进行对比，找出它们在结构上的异同之处，以确定外语教学的难点。(6)及时纠正错误，培养正确的语言习惯。强调学生从学习外语的第一天起，无论是语音、词汇还是句型，都要理解得确切、模仿得准确、表达得正确，不放过任何性质的错误。一旦发现错误，就要及时纠正，以便使学生养成正确运用外语的习惯。

听说法有其自身的优势：(1)重视听说，有利于培养学生的语言应用能力；(2)以句型为中心，使学生能掌握正确的表达方式，有利于语言习惯的养成；(3)有利于学生形成正确地道的语音、语调；(4)比较两种语言，有利于学生确定学习难点，做到有的放矢。

听说法也有着自身的缺点：(1)机械练习语言的形式，不利于学生在具体的环境下正确使用语言，语言学习显得僵化；(2)重形式轻内容，学生不能正确了解句子的含义；(3)练习形式过于单调，容易使学生对学习产生厌倦情绪。

4. 沉默法

20 世纪 70 年代，美国著名教育家、心理学家凯莱布·加特诺（Caleb Gattegno）提出了“沉默教学法”这一概念。沉默教学法强调英语教学中使用各种直观的教具，让学生通过对比、联想的手段来学习英语。在英语教学中，如果没有必要，教师尽量不讲话，只使用手势、表演的形式，来对学生进行示意，让学生通过手势、表演等来理解教师的意思。沉默教学法具有如下自身特点和优缺点。

其一，沉默教学法强调口语领先，以培养学生的听说能力作为总体目标。而读写能力的培养需要以听说能力的培养为基础。

其二，沉默教学法认为，在英语教学中应该以学生为中心，教师的教学应该建立在学生的学习基础上。作为学习的主体，学生应该主要依靠自己，对自己的学习负责。

其三，在沉默教学法中，学生扮演多种角色，如可以是一个独立的学习者，也可以是小组中的一员。但是，他们具体扮演什么角色，一般往往根据具体的情况。

其四，运用该法组织教学时，教师主要利用的是教具，如彩色棒、挂图等。使用这些直观的教具，可以激发学生的想象力，使学生对单词、句子等的语音、语调等都有一个清晰的了解，同时能够进行操练。

其五，沉默教学法认为，在学习过程中如果学生出现错误，教师不应该轻易指出并要求其改正，而是让学生自己学会改正，教师只是起着引导的作用。

虽然沉默教学法有着很多优点，如对学生的主体性、师生情感因素等非常注重，这对于培养学生的思维能力和语言能力来说有着重大意义。但是，其也存在着一定的缺点，即教师在很多时候都不说话，保持沉默的态度，这就让学生丧失了语言输入的主要来源，其实也不利于学生提升自己的学习效率。

5. 暗示法

20 世纪 60 年代末 70 年代初，保加利亚精神病疗法心理学家格奥尔基·洛扎诺夫（Georgi Lozanov）提出了“暗示教学法”，这一教学法的理论依据就是心理学和医学，认为人的大脑在完全放松的情况下，可以增强自己的记忆力，从而提升对材料和信息加工处理的效率。暗示语也被称为“启发式教学法”，该教学法强调轻松的环境对于英语学习的重大意义。

在暗示教学法看来，教师应该为学生创设轻松愉悦的环境，如布置优美的教室，精心选择有趣的材料，艺术性地设计活动任务等。暗示教学法还承认教师的绝对权威地位，尤其表现在学生对教师能力的认可上。

综合来说，暗示教学法有如下五个特点。

（1）强调心理因素的重大意义，认为教学环境应该是愉悦的、轻松的。

（2）认为无意识的语言学习具有更高的学习效率，并且能够取得更为理想的学习效果。

（3）设置具体的情境，采用交际性的练习手段，让学生在短时间内学习到更多的教学材料。

（4）从母语出发，对外语进行对比和翻译。

（5）注重教师和学生之间的关系，通过交流使他们不断尊重和信任。

通过暗示教学法的定义和自身特点不难发现，暗示教学法重视学生全部的身心活动，使学生能够选择一个最佳的学习心理状态，并集中自己的注意力于所学的内容中。但是，其也存在着明显的不足，即忽视了语言知识的传授，以及教师对语言规则的指导，因此在一定程度上必然会影响学生语言交际能力的提升。

6. 交际教学法

交际教学法产生于 20 世纪 70 年代的西欧共同体国家，又可以称为“功能—意念法”或者“功能法”，其是建立在海姆斯、卡纳尔和斯温理论的基础之上的。该教学法强调学生的中心地位，注重教学过程的交际化和教学内容、教学方式、教学环境的真实性，并且侧重实践模拟。下面就对交际教学法的实施步骤和自身优缺点进行阐述。

在交际教学法的实施中，小组活动是最常见、最有效的一种途径。小组活动是将学生划分成若干个小组，由小组内部成员共同完成教师布置的任务，并在实践中不断提升自己的交际能力。组织小组活动，是为了能够不断提升学生的语言交际能力，给学生提供更多交际的机会。具体而言，小组形式的交际教学实践活动可以划分为几个步骤。

（1）对小组进行划分。首先要确定小组的规模，一般认为3～6人是最适宜的人数，这样有助于学生进行面对面的交流和练习。其次，要确定小组内成员的语言能力，一个小组内成员的语言能力不能都偏低或者都偏高，应该均衡搭配。

（2）教师对小组内成员分配角色，确定组长、副组长，主要是为了符合协调小组活动。

（3）布置具体的交际活动，活动的主题和素材应该从大多数学生的实际情况出发，并且每一个活动都应该选择一个恰当、合理的主题。

（4）让学生们根据这一主题展开讨论。

（5）教师对学生进行提问，激发学生积极参与的热情，在提问时应该先整体后局部，并给学生留下充足的时间思考，最后让学生给出答案。

交际教学法侧重于语言的交际功能，又注重语言的结构功能，因此具有如下几个优点。

（1）交际教学法对话语教学非常重视。在话语运语用语言有助于培养学生的交际能力。从交际教学法看来，教学主要是为了满足学生的交际需要，其往往针对不同学生、不同的对象的不同需要来进行安排。因此，教师应该为学生创造真实的语言环境，让学生愿意积极地、主动地参与其中。

（2）交际教学法主张采用多种教学资源和教学手段，如教师用书、挂图、磁带、录像、多媒体、电视、电影等。

（3）交际教学法对语言的流畅性也是十分关注的，其并没有苛求学生在语言中一定不出现错误，并且允许学生出现错误，然后经历一个不完善到完善的过程，从而最终能够运用正确的语言完成语言交际。

（4）交际教学法对母语、语法的讲解、翻译等并不排斥。

交际教学法在当前具有无可比拟的优势，但是其也存在着一定的缺点。

（1）交际教学法对于口头交际过分看重，而忽视语言知识的学习，语法学习也不够系统，对于如何培养学生的读写能力，交际教学法也没有给予具有可操作性的办法。同时，交际教学法在重视语言流利性的同时，却忽视了语言的准确性。从本质上来说，交际教学法存在着重视培养听说能力、忽视读写能力的缺点，因此很难为学生构建一个完整的语言体系，这不利于学生对语言知识的理解和掌握，也很难打好基础。

（2）交际教学法的实施首要目的就是对其他教学流派的缺点和不足进行弥补，但是在实施中其并没有达到良好的效果。这是因为交际教学法只是让学生对功能、情景、语言表达形式等孤立地加以记忆。

（3）交际教学法以功能语言作为基础，这就导致对语言结构规律的忽视，学生习得语言只能依靠直觉进行模仿。

虽然交际教学法存在一些缺点，但是其依据的主要理论是比较好的，一些研究者也对这些理论和教学体系进行了不断的研究，对该教学法进行了不断修正，因此当前的交际教学法还是存在着很强的活力的。

第二节　语言学与语言习得

语言学对于语言教学意义非凡，其能够使人们更深层次了解和把握语言的本质，从而进一步使人们认识语言教学与学习的本质。对于学生而言，英语是第二语言，因此他们对语言的习得就属于第二语言习得。本节就来分析语言学与语言习得的关系。

一、语言习得研究

人们掌握母语后如何培养自身的第二语言能力是第二语言习得所研究的关键问题。对于第二语言习得过程与本质进行研究的理论就是第二语言习得理论。由于这一理论有着自身的特殊性质与研究对象，因此第二语言习得理论也逐渐发展成为一门学科。在这门学科发展的过程中，第二语言习得研究应科学定位学科性质，并构建科学的学科体系。

从语言习得机制（LAD）的运行过程与语言系统的形成过程来说，外语学习与第二语言习得在本质上没有什么差异性，其主要区别在于：外语学习对于课堂教学的依赖性较强，而第二语言习得侧重自然的语言环境。需要指明的是，外语学习与第二语言习得所形成的语言能力在动机、语言输入的质量层面是存在明显区别的，这会引起语言能力发展的不平衡。因此，学生在掌握母语后，习得第二门语言或另一门语言被称为“第二语言习得”。

彼德·科德（S. P. Corder）是英国应用语言学的奠基者，他撰写的《学习者所犯错误的意义》（*The Significance of Learner's Errors*，1967）一文是第二语言习得的开端。经过几十年的发展，第二语言习得虽然与其他学科存在交叉，但是也有着自己明确的研究对象，因此是一门独立的学科。另外，从知识体系与研究方法来说，第二语言习得研究具备一套自身的系统，这是一般语言习得理论、普通语言学理论所没有的，其不仅是当代应用语言学的前沿阵地，还能够为外语教学法在内的其他学科提供依据。

在我国，对第二语言习得在整个人类的知识系统展开定位意义巨大，要求处理好第二语言习得研究与其他学科之间的关系，并重新定位与认识学科属性，做到与时俱进，这样才能推动第二语言习得的健康发展。

具体而言，第二语言习得研究不仅从心理学、教育学、社会心理学等学科汲取有利成分，还借鉴科学的方法，从一些自然科学与社会科学中汲取科学元素。随着第二语言习得研究的不断发展，应对其进行准确把握，将一些对第二语言习得研究有帮助的成分提取出来，从而便于其突破与创新。

二、语言习得的影响因素

（一）主观因素

影响语言习得的主观因素既有智力因素，又有非智力因素，而这些非智力因素在语言习得过程中有着重要作用，包括如下几个方面。

1. 情感态度

情感具有普遍性，易于感觉而难以定义。在日常生活中，人们也会经常谈及个人情感，所以广义的情感是指制约行为的感情、感觉、心情、态度等。

情感态度在外语学习中发挥着重要的作用。情感态度是外语学习的动力源泉。情感态度也会随着外语水平的提升而不断得到增强。从认知心理学的角度来说，情感之所以作用于外语学习，主要是因为其与人类的记忆有着千丝万缕的联系。情感态度在外语学习中发挥着重要作用，外语教学中理所当然要强调情感学习。因此，我国的英语课程标准在各个级别中设定了英语学习中的情感目标，这体现了对情感学习的重视，从历史的角度来看，这是一个巨大的进步。

虽然情感学习非常重要，但是在实际的教学过程中不能误解甚至曲解情感的性质与作用，需要用科学、客观的态度来审视外语学习中的情感态度问题。

第一，外语教学所关心的情感态度与日常生活中谈及的道德迥异，所以不宜夸大外语教学对于学习者的道德培养的作用。学习者的道德情操是在日常生活的点点滴滴中积累起来的，而并不是外语教学的直接结果。当然外语教师可以以身作则，以自己的实际言行影响学习者，但这并不意味着外语教学本身的效用。换句话说，外语教学中的情感态度只是作用于学习者的语言学习，外语教学本身无力去发展学生的道德情操。

第二，情感是个整体，与学习密不可分。这一特性便意味着不宜将情感态度分级，并以此来评估学习者。不能说低年级的学习者在情感态度上就弱于高年级的学习者，实际上往往相反。此外，情感态度是个动态且易变的概念，也正因为如此，教学才有了空间，设定情感目标也有理论基础。从本质上说，真正重要的是情感态度发展的过程，而不是结果。学习者正是在这个过程中获取了语言能力发展的动力。所以，外语教学过程中，不宜静态地、刻板地看待学习者的情感态度。

2. 学习动机

动机（motivation）研究最初始于教育心理学，是指学生为了满足某学习愿望所做出的努力。二语习得和外语教学界从20世纪70年代开始逐步深入研究动机对于外语学习的影响，我国外语学界则是从20世纪80年代才开始引入动机这一概念，但真正的实证研究是从20世纪90年代才开始逐步展开的。

通常认为，学习者的动机程度和其学业水平是高度相关的；后来，甚至有研究在这二者之间建立了因果关系模型。动机可以有不同的分类方法。一般认为，动机可以分为两类，即工具型动机和融入型动机。前者指学习者的功能性目标,如通过某项考试或找工作。后者指学习者有与目的语文化群体结合的愿望。

除了以上两类外,还有结果型动机(源于成功学习的动机)、任务型动机(学习者执行不同任务时体会到的兴趣)、控他欲动机(学习语言的愿望源自对付和控制目的语的本族语者)。

学生的学习动机是可塑的,激发学生内在动机是做好外语教学的重要环节,个人学习动机是社会文化因素的结果。这个发现对于中国各个层次的英语学习者都是如此,也可以解释国内近些年来的英语“考证热”。值得一提的是,无论是工具型动机,还是融入型动机,都会对外语学习产生重要的影响,所以动机类型并不那么重要,重要的是学习者动机的水平。

此外,也有学者将动机分为内在动机和外在动机。内在动机(intrinsic motivation)是指学习者发自内心对于语言学习的热爱,为了学习外语而学习外语;外在动机(extrinsic motivation)则是由于受到外在事物的影响,学习者受到诸如奖励、升学、就业等因素的驱动而付出努力。这一分类与前一分类有相似之处,但是不可以将二者等同,它们是从不同方面考查动机这一抽象概念的。

在对待动机这一问题时应该注意:动机种类多样,构成一个连续体,单一的分类显得过于简化;另外,动机呈现出显著的动态特征,学习者的动机类型可能随着环境与语言水平的变化而发生变化。比如,一个学习者最初表现出强烈的工具型动机,认为学好英语是考上大学、找到好工作的前提;但是随着其英语水平的不断提升,他开始逐渐接受英语及其附带的文化,想要去国外读书甚至是移民英语国家,这时他的动机类型就变为融入型动机了。

近年来,国内对于动机的研究表明,中国英语学习者的动机类型以工具型动机为主,并且动机与学习策略、观念之间的关系较为稳定。另外,学习成绩与动机水平之间高度相关。这些研究发现对于外语教学具有启示作用:外语教学应该重视学生的动机培养,培养方式可以多种多样,如开展多样的英语活动、提高课堂的趣味性、鼓励学生课外阅读等。

3. 学习焦虑

焦虑是影响语言学习的又一重要情感因素，是指一种模糊的不安感，与失意、自我怀疑、忧虑、紧张等不良感觉有关。语言焦虑的表现多种多样，主要有回避（装出粗心的样子、迟到、早退等）、肢体动作（玩弄文具、扭动身体等）、身体不适（腿部抖动、声音发颤等）以及其他迹象（回避社交、不敢正视他人等）。这些是学生在学习过程中，尤其是在课堂环境中常见的现象。

学生在语言课堂上担心自己能否被他人接受、能否跟上进度、能否完成学习任务，这种担心便成了焦虑的来源。焦虑可以分为三类，即气质型、一次性和情景型。气质型焦虑是学习者性格的一部分，也更为持久。这类学习者不仅仅在语言课堂上存在焦虑，在日常生活中的很多场合都会表现出不安、紧张等情绪。一次性焦虑是一种即时性的焦虑表现，持续时间短，影响较小，它是气质型和情景型焦虑结合的产物。语言学习中更为常见的是情景型焦虑，这是由于具体的事情或场合引发的焦虑心理，如考试、课堂发言、公开演讲等。

可以说，焦虑是一种正常的心理现象，任何个体都存在一定程度的焦虑心理，外语学习者自然不会例外。产生焦虑的原因也会多种多样，但是总结起来无非有以下两点：首先，学习者的竞争心理与生俱来，学习者一旦发现自己在与同伴的竞争中处于劣势，便容易产生焦虑不安的心理；其次，焦虑心理也与文化冲击有关，外语课堂上传授的文化知识对于母语文化本身便是一种冲击，学习者也会因为担心失去自我、失去个性而产生焦虑。总体而言，焦虑会表现为用外语交流时不够流畅、不愿用外语交流、沉默、害怕考试等。

长久以来，焦虑一直被视为外语学习的一个障碍，这是一种误解，是对焦虑的作用的误读。焦虑最初是运动心理学的重要研究内容，研究将运动员按照焦虑水平分为三类，即低气质型焦虑、中气质型焦虑和高气质型焦虑,然后比较三类运动员的运动成绩,结果发现中等气质型焦虑的运动员成绩最好。

可见,焦虑也是有积极的、促进的作用的。后来焦虑成为教育心理学的研究对象,发现了同样的规律。焦虑就其作用而言也可分成两大类:促进型和妨碍型。前者激发学生克服困难,挑战新的学习任务,努力克服焦虑感觉,而后者是学生用逃避学习任务的方式来回避焦虑的根源。

这种划分方式有一定的道理,也获得了部分实证研究的证实,但是我们应该明确焦虑并不是非此即彼的,焦虑之所以会产生不同的作用主要是因为焦虑程度的问题:过高的焦虑会耗费学习者本来可以用于记忆和思考的精力,从而造成课堂表现差、学习成绩欠佳;而适当的焦虑感会促发学习者集中自己的注意力资源,汇聚自己的精力,从而构成学习的强大动力。

(二)客观因素

除了主观因素,客观因素也对学生的语言习得产生重要影响,而这些外在因素可以统称为"社会支持"。这一概念产生于20世纪70年代之后,即社会对个体的关心与尊重等,是个体在交往过程中获得的肯定与帮助。[①]

在教育领域,这些社会支持主要包含教师、学校、同伴、班级等。下面就对这些外在因素展开分析和探讨。

1. 教师

教师对于学生的语言习得而言有着直接的影响,也就是说,在语言习得过程中,教师的作用不容小觑。学习的主体是学生,但是教师起着重要的引导作用,教师的关心与鼓励能够促进学生语言习得能力的进步与发展。

① 肖庚生,徐锦芬,张再红.大学生社会支持感、班级归属感与英语自主学习能力的关系研究[J].外语界,2011,(4):4-13.

2. 学校

学校是学生学习的场所，是学生获得知识与技能的地方。因此，学校对于学生的语言习得也有着重要作用。例如，学校应该为学生提供充足的学习辅助设备，如自习室、图书室、机房等；学校应该提供音像资料等为学生的语言习得服务；学校应该为学生提供他们必备的生活设施。

3. 同伴

学生语言习得能力的提升需要同伴的帮助和支持。一方面，因为同伴大多是同龄人，虽然性格特征存在差异，但是也很容易成为朋友，彼此之间容易坦诚相待，减少沟通障碍，这样一定程度上可以降低学生的学业负担与压力。另一方面，同伴之间朝夕相处，必然会加深彼此的友谊，这种情感的支持也有助于推动学生的成长与发展，促进自身语言习得能力的提升。

4. 班级

班级可以看作学生的一项重要情感支持，其是指学生对自己的班级进行情感、思想、心理上的投入与认同。通过班级，学生愿意承担相应的责任与义务，愿意参与到班级活动中，这样学生不断被肯定有助于激发学生的积极性与自主性。

第三节　语言学与语言教学大纲设计

对于语言教学而言，教学大纲起着十分重要的作用，其是教学理论与教学实践得以贯穿的桥梁。本节就具体来分析语言学与语言教学大纲的设计。

一、语言教学大纲的考虑因素

一般来说，语言教学大纲需要考虑如下几种因素。

(1)教学目的,指课程结束时候所获得的预期结果。

(2)教学要求,指学生需要掌握的语言知识和技能。

(3)非语言能力,即与教学相关的自信心、兴趣、学习动机等因素。

(4)教学内容,即语音、词汇、语法等语言知识,听、说、读、写等语言技能,文化知识等。

(5)教学实施,即在教学中应该采取的步骤、理念等。

(6)教学评价,即教学过程中评价的对象、主体、方式等。

二、语言教学大纲的基本类型

(一)情景大纲

众所周知,语言是为交际服务的,是人们进行沟通与交流的工具。受这一因素的影响,大纲编写者创造出了"情景教学大纲",这一大纲将目的语使用的情景进行了划分,并且以情景作为线索,对语言进行选择和组织。

常见的情景有"在机场""在银行""在超市""在学校"等。在情景教学大纲的指导下,课堂往往采用听说法进行教学,学生通过听、说,对学习材料进行演示。虽然听说教学法将教师作为中心,但是也需要承认一点,就是学生在这种教学法下有很多的参与机会。

情景教学大纲主要为了满足学生的直接交际,因此它要比传统的结构教学大纲更为优越。但是,从本质上看,情景教学大纲仍旧以语法为主,因此也存在一些不足之处。

(二)意念大纲

意念大纲是由学者威尔金斯(Wilkins)提出的,这一教学大纲是威尔金斯在批判语法大纲、情景大纲的基础上提出的。

威尔金斯指出,语法大纲将语言划分成几部分,并要求教师一部分一部分地进行教学，直到将这些部分教授完，如图 3-1 所示。

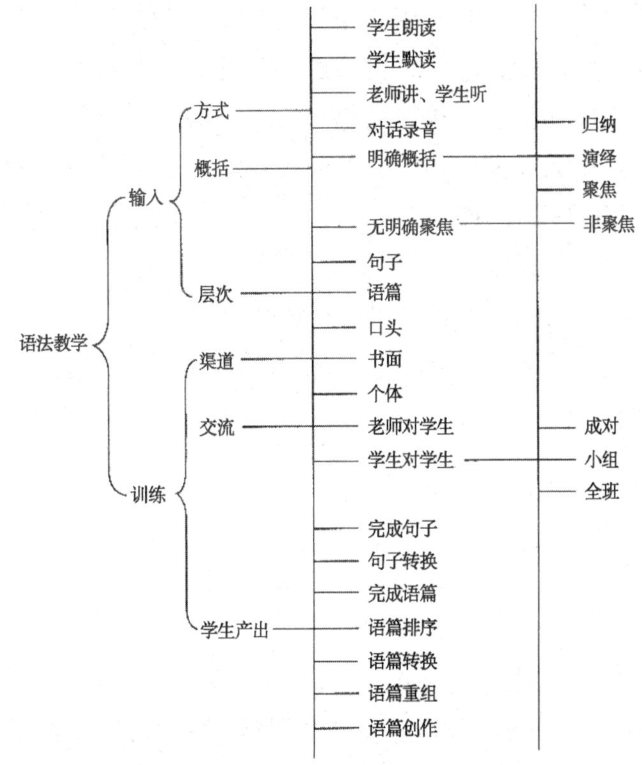

图 3-1　语法教学的方法选择系统

（资料来源：张德禄、苗兴伟、李学宁，2005）

另外，威尔金斯认为情景大纲并不是一组语法形式，而是一组可以让学生交际进入的情景，并能够对这些情景中的语言内容进行描述的大纲。但是，情景教学大纲也有一定的缺陷，即情景不一定能够对语言进行预测，也不能帮助对请求、同意等言语行为进行预测。因为同一言语行为，可能在不同的情景中应用。

相比这两个大纲，威尔金斯的意念大纲是为了发展学生的交际能力提出的。其对于发话人如何运用语言展开交际非常关注。意念大纲并不是根据形式组织而成的大纲，而是根据意义组织而成的大纲。在意念大纲中，威尔金斯认为学生需要学习三种意义。

（1）意义语法范畴，涉及对过程、事件等的观察与描述。

（2）情态范畴，涉及发话人的态度。

（3）交际功能范畴，涉及交际双方的言语行为。

设计意念大纲，首先就需要对学生所学的意义类型进行选择，当学生学完这些意义之后，设计者还要考虑这些意义如何传达出来。因此，意念大纲要提供一组学生要学的概念和功能、与这些意念和功能相关的形式，和对这些形式进行说明的社会语言学条件，如图3-2所示。

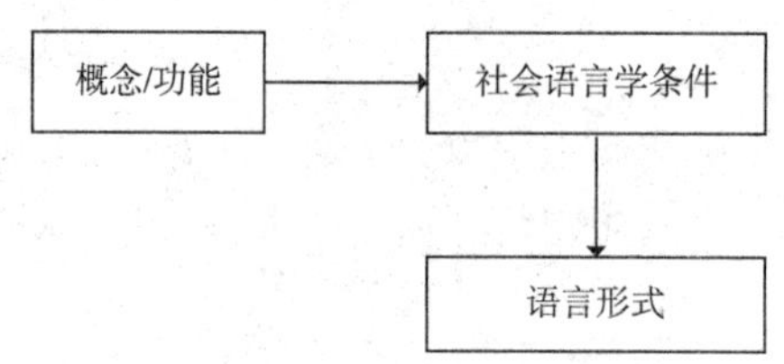

图3-2　威尔金斯的意念大纲

（资料来源：张德禄、苗兴伟、李学宁，2005）

（三）功能—意念大纲

功能—意念大纲是由威尔金斯与范艾克提出的，这一大纲是建立在海姆斯关于交际能力理论的基础上形成的，并结合韩礼德提出的功能语言理论。在威尔金斯看来，功能即个体使用语言做什么的问题，而意念是个体通过语言的辅助来传达什么的问题。

功能—意念大纲认为，人们之所以学习语言，是为了运用语言进行交际，从而实现语言的功能。在这之中，语法是重要的手段。功能—意象大纲的建立是让学生把握清楚语言的各个结构，从而更好地运用语言。

可见，功能—意念大纲将语言形式与情景紧密结合起来，并基于学生的实际需求，促进学生学习的进步与发展。但是，这一大纲也存在局限性，即未涉及所有的功能与意念，也未对其中所包含的内容的顺序进行处理。

（四）交际教学大纲

在功能—意念大纲的基础上，一些学者又进行了深层次研究,弥补了其中存在的不足之处,提出了交际教学大纲。显然,这一大纲注重交际的过程,目的在于不断提升学生的交际能力。著名学者耶登(Janice Yalden)经过自己的经验,提出了交际教学大纲的几部分内容。

(1)需要包含词汇与语法。

(2)需要包含语篇衔接技巧。

(3)尽量涉及学生学习语言的目的。

(4)分析语言交际的背景。

(5)明确学生在语言交际中的角色。

(6)明确交际中所体现的意念与功能。

(7)明确学生要达到的语言水平。

(五)意义协商模式教学大纲

意义协商模式是在对交际教学大纲修正的基础上形成的,由著名的学者麦尔鲁斯建立,如图 3-3 所示。

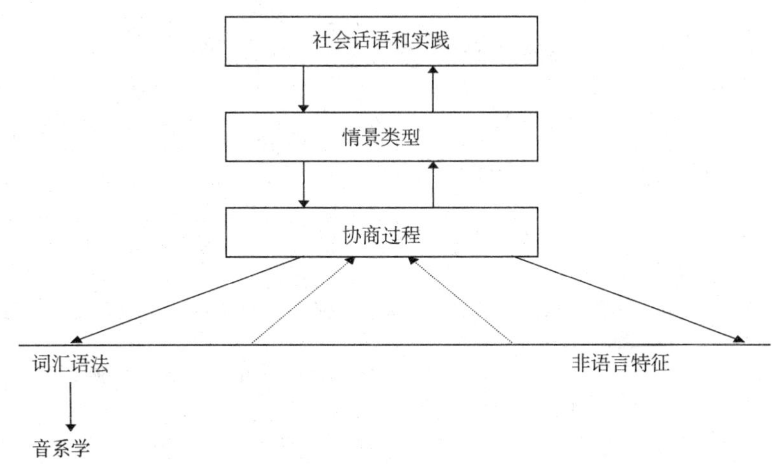

图 3-3　意义协商模式

(资料来源:张德禄、苗兴伟、李学宁,2005)

在麦尔鲁斯看来,语言交际是一个动态的过程,因此图 3-3 的意义协商模式可以用动态形式来展现。对此,可以将这一模式叙述如下。

（1）社会话语与实践属于社会文化层面，这与马丁的“形态观念”吻合，涉及主题系统、话语形成、话语的社会行为符号等。

（2）情景类型指的是情景语境，包含话语范围、话语基调与话语方式。

（3）协商过程即为语言的交际过程。一方面，协商过程可以通过语言展现。另一方面，协商过程可以通过非语言特征展现。

其中，虚线是说话者与听话者之间在交际时，可能会出现不一致、不统一的情况。但是，上述三者是紧密关联的。社会话语与实践对情景语境起着决定作用，情景语境对协商过程起着决定作用。

通过上述分析可知，对意义协商模式的三个层次进行划分，不仅对社会文化知识制约语言使用进行了强调，还对语言符号的社会属性进行彰显，因此英语教学内容除了语言结构、情景内容外，还涉及主题内容。可见，意义协商模式教学大纲为主题交流教学大纲奠定了基础。

三、语言教学大纲设计的步骤

（一）对教学内容进行恰当选择

无论是什么语言，其包含的内容都是广泛的、复杂的，即便一个人的学习能力非常强大，也无法习得这门语言的全部内容。因此，在设计语言教学大纲时，对内容必须要先进行选择。一般来说，设计者可参照两大标准。

（1）将语言的范围置于一定的语域范畴中，即将语言范围加以缩小。

（2）在该语域范畴中选择所需的词汇、语法以及相关的文化与语境。

在实际的设计实践中，语言教学大纲往往会受到设计者主观层面的影响。如果设计者推崇功能主义语言观，他在设计语言教学大纲时必然会将语言功能、概念等知识囊括进去；如果设计者推崇结构主义语言观，那么他在设计语言教学大纲时必然会将语言结构方面的知识囊括进去。

（二）对教学内容进行排列组合

当选择好教学内容之后，就需要对教学内容加以排列，这是语言教学大纲设计的第二步。合理排列教学内容往往需要分级，即包含两个步骤。

步骤一：为自己选择的教学内容制订教学期限，可以以课时为单位，也可以以天、星期、月份等为单位，还可以以学期为单位。这一步骤又可以称为“分阶段”。

步骤二：明确语言各个项目的排列顺序，简单来说就是对语言各个项目进行排序。

在上述过程中，语言学起着重要的作用，具体表现为以下两点。

其一，语言学对第二语言加以描述，并解释这些因素是如何影响整个语言系统的。

其二，教学计划的制订必然需要以语言学的分类为参考。需要指明的是，这里并不是说将语音、词汇、语法等分开来展开语言教学，而是对语言概念加以描述，而不是教学步骤。

第四节　大学英语教学的现状

客观上讲，近些年我国的大学英语教学发生了突飞猛进的变化，这在教学内容、教学方法等层面都有明显的体现，并且各种各样的理论被引入大学英语教学之中。但是，作为一门必修课程，大学英语课程也面临着来自教师、学生等多个层面的质疑，主要问题出现在定位偏差上。因此，笔者认为有必要弄清楚大学英语教学定位偏差的表现，进而探讨大学英语课程教学中出现的各种问题，只有这样才能让学校、教师采取恰当的手段与方法进行教学改革，提升大学英语课程教学的效率与质量。

一、大学英语教学的定位偏差

长期以来，我国大学英语教学以“打基础应该多多益善”作为理念，认为扎实的基础是教与学成功的关键层面。1985 年、1986 年的《大学英语教学大纲》明确指出“大学英语基础教学应该以语言基础为重点”；1999 年的《大学英语教学大纲（修订版）》再次指出“应该帮助学生打下语言基础”；2004 年、2007 年的《大学英语课程教学要求》（以下简称《课程要求》）也指出“大学英语教学的目标是培养学生的综合应用能力，尤其是听说能力”，这其实还是在打基础。笔者认为，在 21 世纪，为了应对全球化背景对复合型英语人才的需求，不应该将培养目标定位于基础英语教育，否则就会使学生对大学英语教学产生厌恶情绪，致使学习懈怠，出现教学“费时低效”等问题，甚至严重地会导致大学英语教学本身的消亡。

（一）教学目标不清

在课程与大纲的设计中，有三个要素是最重要的，即对需求进行分析、建立目标与选择手段。在西方，塔巴（Taba，1962）最早提出了设计课程大纲的原则，并提出了具体的设计步骤，其中对需求进行诊断、建立目标、选择内容居于最前。这就意味着要想设计正确的大纲目标，必然需要建立在需求分析的基础上，而一旦确立了目标，那么下面就需要选择内容。

在笔者看来，这个选择内容囊括了对方法的选择以及达到目标的手段。基于此，斯特恩（Stern，1983）专门提出“手段—目标”这一课程大纲模式；怀特（White，1988）也对课程开发的理论进行归纳，认为课程建设和房子建造一样，必须具备以下四大要素。

（1）确立目标。

（2）决定内容。

（3）对方法进行选择。

（4）进行评估。

这就是说，课程设计的手段与目标应该保持一致性。

2017年教育部发行的《大学英语教学指南》中明确提出，大学英语课程是高等学校人文教育的一部分，兼有工具性和人文性双重性质。就工具性而言，大学英语课程是基础教育阶段英语教学的提升和拓展，主要目的是在高中英语教学的基础上进一步提高学生英语听、说、读、写、译的能力。大学英语的工具性也体现在专门用途英语上，学生可以通过学习与专业或未来工作有关的学术英语或职业英语，获得在学术或职业领域进行交流的相关能力。就人文性而言，大学英语课程重要任务之一是进行跨文化教育。语言是文化的载体，也是文化的组成部分，学生学习和掌握英语这一交流工具，除了学习、交流先进的科学技术或专业信息之外，还要了解国外的社会与文化，增进对不同文化的理解、对中外文化异同的意识，培养跨文化交际能力。人文性的核心是以人为本，弘扬人的价值，注重人的综合素质培养和全面发展。应将社会主义核心价值观有机融入大学英语教学内容。因此，要充分挖掘大学英语课程丰富的人文内涵，使其实现工具性和人文性的有机统一。

1. 从"今后学习"层面分析

"今后学习"的定义比较模糊，可能指的是大学本科或专科阶段后几年之后的学习，也可能是研究生学习或出国学习。但是，不管属于哪一种，如果英语学习主要是为了今后的学习需要考虑的，那么其内容与目标就对立不起来了。这是因为"培养学生的综合应用能力，尤其是听说能力"本身就属于通用英语，根本无法适应学生的"今后学习"。根据笔者观察，英语在"今后学习"中需要与学生的三种需要统一起来。

（1）应对专业层面上的全英语课程或双语课程。

（2）参与学科内的研讨会，尤其是国际研讨会等。

（3）对相关专业文献进行查阅，寻觅学科内的先进成果。

显然，上述三种需要并不属于通用英语，而是学术英语。

2. 从“今后工作”层面分析

对于“今后工作”的问题，这里我们不说大多数学生确定与不确定，即便他们以后的工作与英语相关，也很容易看出当前的大学英语课程教学已然不能与他们以后的工作需要相适应。也就是说，他们毕业之后会难以胜任社会上的工作，因为工作不仅需要学生掌握扎实的通用英语，还需要掌握与自身专业相关的专门用途英语（即ESP）。

3. 从“社会交往”层面分析

对学生综合应用能力的培养有助于学生应对“社会交往”，即能够满足学生交际的需要，但是培养他们的英语日常交往能力是否是大学英语教学的目标呢？可能很多人这样认为：只要在国内能够为外国人指路，在国外能够自主旅游就可以了。显然，这些能力在大学之前就已经掌握了，如果进入大学之后，学生仍旧学习这些，那么这样的大学英语课程教学也就没有必要了。

总体来说，如果为了与学生的“今后学习”“今后工作”的需求相符，那么《课程要求》的内容与目标显然是脱节的。如果是为了与学生的“社会交往”需求相符，那么《课程要求》的目标定位显然是偏差的。当然，如果仅仅为了培养学生的综合文化素养，那么大学英语教学更是走入了歧途。

也就是说，任何一门课程的设置，都必须有专门的教学目标，并且这一目标与内容相匹配，否则很难真正地开展教学。到目前为止，大学英语教学对这一问题仍旧未给予明确的解答，各大学也都按照自己的理解与学历来安排课程，可谓是各显身手、百花齐放。而这种含糊不清导致大学英语教学效果甚微。

当然，我们也可以按照第一种来理解，即大学英语教学目标是培养学生的综合应用能力，尤其是听说能力，这实际是打基础的阶段，而不在乎应用与否。如果要是在中小学英语教学中，或者是在 20 世纪比较封闭的时代，可能这种做法还是可以理解的。但是，在 21 世纪的今天，社会发生了翻天覆地的变化，具体体现为如下两点。

（1）我国中下学英语教育大幅度提升，大学新生已经对英语听、说、读、写技能有了充分的把握。

（2）大学毕业面临着全球化、国际化的挑战，面临着国家对“大批具备国际视野、清楚国际规则、能够运用英语直接与其他国家的人员交流的人才”的需求。

基于这两点，如果仅仅将语言技能的培养作为目标，那么很明显是目标定位的错误。

（二）教学内容重复

基础英语教学顾名思义就是打基础的英语教学，因此内容非常有限。就内容与技能来说，就是我们下面所说的词汇、语法以及听、说、读、写、译。就词汇层面来说，基本以基础词汇、核心词汇为主，但显然这些词汇非常有限，约 4 000 ~ 5 000 词，超过的就属于学术类词汇了。因此，如果中小学、大学都是基础英语教学，那么教学内容、教学形式必然重复。

（三）应试教学凸显

从逻辑上说，基础英语教学与应试教学不存在逻辑关系，但由于将培养学生的听说能力作为目标，加上四、六级统考的原因，就将我国的大学英语课程教学引向应试教学的境地。换句话说，由于当前教学大纲的目标并不清晰，因此一些隐性的教学大纲就发挥了作用。瓦兰斯（Wallance，1995）指出：“隐性教学大纲是指那些在正规大纲中未公开的课程内容，其存在着明显非学术性，但是从教学上来说，却具有系统性，且能发挥实际的教学效果。”[①] 虽然我们不能磨灭四、六级考试所发挥的作用，但是笔者更

① 蔡基刚．中国大学英语教学路在何方[M]．上海：上海交通大学出版社，2012：52.

认为四、六级考试替代大纲规定的内容恰好是这种隐性教学大纲发挥的消极作用。这可以从如下几点来具体分析。

1. 目的层面

如前所述,《课程要求》规定了大学英语教学的目标在于培养学生的综合应用能力,但在具体的实施中,我国各大高校以学生通过四、六级考试作为目标。2011 年,王守仁等学者对全国 31 个省市的 530 所高校进行了调研,这些高校都认为《课程要求》规定的目标是没错,但是也认为将四、六级考试通过率作为目标也没错。①

近年来,在教育部的引导下,很多高校已经取消了毕业证与四、六级考试通过挂钩的情况,但即便是取消了,很多高校仍旧对其非常重视,也就是并未真正地脱钩。出现这种情况的原因很简单:《课程要求》规定大学生毕业后需要达到大纲规定的一般要求,同时四、六级考试大纲也规定考试的目的在于达到大纲规定的要求,这两点要求不谋而合,很多高校也就认为通过了四、六级考试就意味着达到了大纲所规定的目标,也就意味着掌握了真正的英语。这必然导致我国很多高校将四、六级考试的内容作为本校大纲的要求与内容,在教学层面的反映就是我们所说的应试教学。

2. 方法层面

当前,我国大学英语课程设置都是针对各种水平考试设定的,如前面所说的四、六级考试以及雅思考试、托福考试等。具体来说,各大高校开设的英语必修课和选修课都是为四、六级考试或其他考试服务的。课程的名称、内容等与考试基本是对等的。因此,这些课程名义上是为了培养学生的综合应用能力,实则用于应对考试。

---

① 蔡基刚.中国大学英语教学路在何方[M].上海:上海交通大学出版社,2012:52.

3. 教材层面

从教材层面来讲，当前的大学生用的教材大多都与四、六级考试相符。蔡基刚教授通过对市场上用得最多的几套教材进行分析得知，课程的选择、编写都是基于四、六级考试来设定的，并且过分追求四、六级考试的复现率与覆盖率，刻意删除了一些超纲的单词。不仅如此，在练习的设置上，也多与四、六级考试题型相符，或者选择往年的四、六级考试题型。①

正是由于教学目的的不清楚，加上方法与教材都是围绕四、六级考试开展的，学生会很自然地将大学英语课程教学的目标定位为四、六级考试或其他考试的通过上。无论是否承认，大学英语学习的目的变成了通过考试、为了考试而考试。我们不能说四、六级考试是对是错，但必须说大学英语教学目标定位的错误，导致明显的应试教育，同时大学基础英语也因为四、六级考试而发展得非常迅速，并借此占据了大学英语课程教学的核心地位。

(四)教学费时低效

与其他国家相比，我国的基础英语教学阶段可以说是最长的，从小学到中学，再到大学，甚至会延续到研究生、博士生阶段。但是，我国的基础英语教学效率是最低的。虽然很多专家、学者对“费时低效”的提议存在着明显的争议，但是如下四点事实是不能回避的。

(1)很多重点大学生在大学学到的内容都是对他们高中所学内容的重复。

(2)很多普通院校的学生将他们大部分时间用于四、六级考试上。

(3)我国大学生毕业之后，整体英语水平呈现下降趋势，并无多大的提升。

(4)我国大学生毕业后，无法应对专业与社会的需要。

① 蔡基刚．中国大学英语教学路在何方[M]．上海：上海交通大学出版社，2012：53.

显然，这四点问题的存在，导致学生经过长时间的努力，英语水平仍旧停滞不前，毕业以后在工作中也不能派上用场。可见，这样的教学目标下的课程教学，导致学生所学并无实际用处。

（五）学生学习懈怠

在经济学的理论中，边际效用递减效应原理是常见的一个原理，这一原理是说如果对一种物品消费的数量越多，心理与生理上得到一定程度的满足，那么他们对重复刺激的反应会呈递减趋势。简单来讲，如果一个人的欲望得到了满足，那么他们对某一事物的兴趣会逐渐递减，甚至最后会逐渐反感。

中国的学生从小学开始就学习英语，这都是在不断地打基础，学的大多都是词汇与语法规则。到了大学阶段，学习的仍旧是这些，操练的也都是他们之前学过的词汇与句法，这些相同内容的重复必然使他们对英语学习的兴趣消失殆尽，也没有新鲜感，学习的目的就是应付统考。

著名学者戴炜栋（2001）在研究中就指出："中小学英语教学与大学英语教学之间出现了重复，这不仅会造成资源浪费，也是对教师和学生而言都是费时费力，容易引发学习上的懈怠。"①

二、大学英语教学的具体现状

虽然我国教育部、各大高校一直在开展大学英语教学改革，但是改革并未像预期的那样顺利，甚至还引起了众多专家、学者的争论风波。争论的焦点在于：教师与学生在英语教与学中投入了太多的精力与时间，收到的效果却非常不明显。也就是说，学生虽然一直在学习英语，但仍旧是"哑巴英语"，因此这种"费时低效"的现象并未解决。下面就将大学英语课程教学的各个项目分解开来，分析各自存在的具体问题，准确诊断出现大学英语教

① 戴炜栋．外语教学的"费时低效"现象——思考与对策[J]．外语与外语教学，2001，（7）：1．

学效果不佳的“病因”。

(一)词汇教学现状

(1)词汇教学观念错误。词汇教学过程总是观念先行,教学观念影响着词汇教学的设计、实施乃至效果。我国很多教师存在着错误的教学观念。一些教师认为学习和记忆词汇是学生应该做的事情,因此在课文讲解过程中,教师偏重句子与篇章的讲解,忽视词汇用法的总结。这种教学观念并没有真正调动学生的学习兴趣与词汇发展潜能。教师也没有帮助学生逐渐形成适合自己的行之有效的记忆方法。

(2)词汇教学模式单一。我国传统的词汇教学模式比较单一,一般是教师对单词进行领读之后,学生跟读,最后教师对学生不理解的单词进行讲解,课后要求学生背诵与记忆。这种词汇教学模式使教学毫无趣味,学生的学习也处于被动地位。长期下去,学生对词汇学习就会失去兴趣。

(3)学生的词汇接触受限。根据我国的英语教学大纲,英语被定位为我国学生学习的第一外语,因此与母语相比,学生对英语的学习缺乏必要的条件。学生对词汇与英语的把握仅停留在课堂上,因此很难真正地扩大词汇量。这样的词汇接触情况也对我国的词汇教学效果造成了不利影响。虽然英语教学大纲对词汇量提出了较高的要求,但是学生接触的词汇量比较小,很多学生并未达到大纲规定的要求,这就容易导致学生所学到的词汇量较少。

(二)语法教学现状

(1)语法教学观念陈旧。语法教学观念对语法教学实践有着直接的影响,如果教师的教学观念陈旧,那么在教学中往往采用机械的教学方法。在大学英语语法教学中也是如此,传统的语法教学观念往往侧重于语法规则等的教学,往往忽视对句子得体性、与语境是否相符等层面的教学。因此，正是这种陈旧的教学观念，使得语法教学很难与语境联系起来，致使学生很难在具体的场合传达出恰当的句子完成交际。

（2）语法教学方式单调。在大学英语语法教学中，很多教师并不讲究教学方法，对语法概念等进行单调的教授，教授完这些概念就带领学生做题，这种方式会让学生感到非常枯燥、无味，因此很难收到理想的效果。同时，这样的教学方法导致学生虽然感觉在课堂上学会了，但是在实际的交际中不会运用，很难真正地区分语法现象之间的区别。

（3）学生缺乏有效的学习方法。很多学生在语法学习中会存在一些困惑，因为语法规则很多，有时候需要记忆下来，但是也有一些例外，如很多学生做了大量练习题，在运用时仍旧把握不准。这类情况的出现是因为学生对语法知识的掌握过于零散，并没有形成体系，是一种被动的学习，未对语法学习产生兴趣，这对于语法知识的巩固非常不利。

（三）听力教学现状

（1）听力教学目标和模式单一。在应试教育居高不下的情况下，一切课程的学习似乎都是为了在考试中有好的表现。听力课被安排的课时本来就很有限，在这样的教学目标的指引下，听力教学沦落为题海战术，让学生感觉乏味。

（2）听力教学内容不丰富。目前，听力教学主要的依据还是教材，教材的内容相当有限，而且有的教材并不十分先进，这就使得听力教学的质量大打折扣。何况现在是一个互联网时代，知识更新速度快，信息传播无边界，学生希望从这个包容的世界里获得更多信息。仅靠教材上的内容，显然难以抓住学生的注意力。

（3）听力教学评价体系有失公平。学校对学生评价的依据主要是学生的平时成绩和期末考试成绩，其中期末考试成绩占据的比例还是要大一些，平时成绩相当于一种装饰。其实这种做法有待改进，只有将平时成绩的比重提上来，学生的活力和热情才能更好地被激发出来。

(四)口语教学现状

(1)对口语能力重视不够。随着课程教学改革的不断推进,大多数教师和学生已经意识到英语学习中口语的重要性,尽管如此,从现实情况来看,对口语及其教学仍然存在重视不足的情况。究其原因,在于很多教师和学生仍然没有认真审视口语在整个英语课程教学中的作用,认为口语可有可无,学生只要会读、能写就够了。这些观念或多或少都会对教师的教和学生的学产生不良影响,不利于口语教学效果的提升。

(2)口语教学时间有限。口语教学如今面临的一个很大的问题就是教学时间得不到保障。口语训练需要长期坚持进行,口语能力的提高也有一个循序渐进的过程,由于部分师生对口语的重要性认识仍然不足,导致口语教学并未被真正独立出来,只是被纳入整体英语课程教学中,加之整体英语课程教学时间有限,因此留给口语教学的时间更是少之又少,口语教学效果也就可想而知了。

(3)学生压力大,不愿开口。一般来说,学生的口语表达不仅受语言因素的影响,还受一些非语言因素的影响,如心理因素、文化因素、生理因素、情感因素、角色关系因素等,使很多学生在口语练习中不愿意开口。

(五)阅读教学现状

(1)阅读教学模式落后。在一些英语阅读课堂上,传统英语课程教学的影子还没有完全消失。虽然教育学界一些专家都在倡导先进的英语教育理念,但是真正让这些理念落实,还是困难重重的。我们还是会在大学英语阅读教学课堂上看到这样的情景:教师在上面讲得津津乐道,学生在下面认真聆听,并且还做着笔记。教师是在逐句讲解阅读文章里的新词汇、新句型、新语法等，然后分析文章里的问题，这样的英语阅读课就有点变味了，倒像是一堂语法课。关键问题是学生还习惯了这样的课程教学模式，久而久之养成了被动的学习习惯，自己缺乏思考、缺乏实践，课堂缺乏互动，这样不仅降低了学生的阅读兴趣，也无法真正提高学生的英语阅读能力。

（2）阅读课外学习缺乏监督。大学的课时有限，因此很多的阅读主要是在课外完成的。虽然教师布置了课外作业，但是由于学生长期形成的依赖教师的思想，如果教师不抽时间检查学生的课外作业，学生很可能就不会认真对待课外作业。课堂的阅读量是很小的，加上学生对待课外阅读不认真，这样就很难提高自身的阅读能力。

（3）学生的词汇量和阅读量都小。篇章是由许多词汇构成的。显然，没有一定的词汇量，英语阅读是无法进行下去的。要想提高英语阅读能力，词汇量是基础，足够的阅读量是前提。在词汇量薄弱的情况下，扎实的阅读技巧是没有用武之地的，是无效的。进入大学以后，英语阅读所要求的词汇量相比于中学阶段有了较大的增长，并且同义词、近义词繁多，词义之间的区别和差异模糊、难以辨认，这给学生的学习增加了难度，对学生的目标要求也就不一样了。英语阅读综合能力的提高，需要学生在掌握充足的词汇量的前提下进行大量的阅读。当然，词汇量和阅读也是相辅相成的，词汇量是通过阅读加以积累的，而词汇量又进一步推动着阅读的进行。

（六）写作教学现状

（1）写作教学目标缺乏系统性。写作能力的提升是一个循序渐进的过程，其表现为一定的阶段性，但是当前的大学英语写作教学出现了目标与阶段脱节的问题，这就导致了学生写作能力提升非常缓慢。

（2）学生的语言质量不过关。从学生习作的语言表达来分析，很多学生都表现出很多问题，特别是在词汇方面。英语中很多词汇在词性、词义、用法、搭配等方面有自己的特点，当学生按照汉语词汇的用法进行英语写作时，常常表现出词汇使用方面的问题。

（七）翻译教学现状

（1）翻译教学理论与实践脱节。理论源于实践，只有将理论与实践结合起来，才能提升翻译质量与翻译效率。因此，在大学英语翻译教学中，教师除了传授学生基本的翻译知识与技巧外，还需要不断带领学生参与到翻译实践中，在实践中验证学生对课堂的掌握情况。但就目前来看，我国很多学校在翻译教学中都是理论与实践脱节，仅传授理论，导致学生学习了大量理论知识，却不会运用到具体的实践中。

（2）教师素质有待提升。英语翻译人才的培养离不开教师的教学水平。但是，当前教师的整体翻译教学水平较差，很多教师翻译功底不足。在翻译教学中，很多教师也没有足够的经验，并未形成科学规范的教学习惯，这对于翻译人才的培养是十分不利的。另外，很多教师追求速度，对翻译教学并未沉下心进行研究，因此无法对学生展开有效的指导。很多教师也并非翻译专业出身，他们学的大多是综合类英语，因此对翻译的基础知识掌握得并不透彻，导致翻译教学开展起来非常困难。

（3）学生的翻译意识薄弱。当前，学生的翻译意识非常薄弱，很多学生仅仅将翻译作为赚钱的手段。同时，学生的翻译心理也有明显不同，一些学生未明确翻译的理念与策略，未形成健全的知识体系，因此他们对待翻译是一知半解的，无法真正地运用到实践中。

第四章　词汇学理论指导下的大学英语教学改革

词汇是英语语言系统中最为活跃、生命力最强的一个因素，也是人们进行交际、表达思想的基本语言单位。词汇无论对于英语学习还是交流而言都至关重要，越来越多的学者开始对词汇进行研究，并逐渐形成了词汇学这一学科。词汇学作为语言学的一个分支，其主要目的是通过语言学理论来研究语言中词汇的相关问题，如探究词的形态结构、词的构成方式、词的意义及其发展变化等。将词汇学理论运用于大学英语教学，将能显著提高英语词汇教学的有效性，对大学英语教学改革起到指导性作用。本章将对词汇学理论指导下的大学英语教学改革进行探究。

第一节　词汇与词汇学

词汇学是语言学的一个分支，是对词汇进行调查研究、描述并予以理论化的一门学科。本节将对词汇学的内涵与性质进行简要说明。

一、词汇

在语言习得过程中，无论是要了解第一语言词汇习得的本质和规律还是第二语言词汇习得的本质和规律，首先要清楚什么是词汇（vocabulary）。

叶蜚声和徐通锵先生(2005)指出:“词是语言中能够独立运用的最小的符号,用它可以对现实现象进行分类、定名,因此研究语言符号的意义一般都以词作为基本单位。”[①]一种语言中所有的词和成语等固定用语的总汇就是该语言的词汇。

由上文可知,词汇是包括词和词组在内的集合概念。词汇不仅包括某一语言中的全部词和固定词组,也包括具体的某个词或固定组词,还包括某一类别或某一范围的词语。可见,词汇的范畴要大于词,词汇是所有词和词组的集合。

二、词汇学

关于词汇学的定义,语言学家杰克逊和艾姆维拉(H. Jackson & E. Z. Amvela)在《词、意义和词汇:现代英语词汇学导论》(*Words, Meaning and Vocabulary: An Introduction to Modern English Lexicology*, 2000)中进行了解释:“词汇学是语言学的一个分支,是对词汇进行调查研究、描述并予以理论化的一门学科。”可见,词汇学(lexicology)是关于“词汇的学问”,也就是有关词汇的系统知识。

从更深层次来讲,词汇学是研究词汇背后的规律性和系统性以及词汇的结构关系和类别的学科,它运用语言学的相关理论,研究语言中有关词汇的问题,讨论词的形态结构及构成方式,探讨词的意义及语义关系,阐述词汇的发展变化过程,涉及相关的词典知识。[②]可见,对词汇学的学习就是对有关词汇系统知识、词汇的现状以及词汇历史演变过程的学习。通过学习词汇学,可以了解现代英语词汇的普遍规律,分析研究现代英语词汇现象和英语词汇的演变与发展,还能有效掌握学习英语词汇的途径、方法和策略等。

---

① 转引自王改燕.第二语言阅读中词汇附带习得研究[M].北京:北京大学出版社,2013:3.

② 汪蓉培,王之江.英语词汇学[M].上海:上海外语教育出版社,2008:5.

第二节　词汇学理论概述

词汇学研究的理论内容十分广泛,但构词法和词汇变化一直都是研究的重点,因此本节将对这两个方面进行重点说明。

一、构词法

构词法是根据一定规律构成新词的方法,常见的有词缀法、复合法、缩略法、转化法等。以下就对常见的几种构词法进行分析。

(一)词缀法

词缀法也称“派生法”,是指利用派生词缀和词根结合构成新词的方法。词缀要以词根为基础构成新词,所以词根承载着词的核心意义。词缀法是英语中重要的构词方法,在英语词汇量的扩大以及英语词汇的发展方面发挥着重要的作用、英语词汇纷繁复杂、数量众多,记忆起来十分困难,但英语词缀数量有限,掌握词缀对有效记忆词汇非常有帮助。英语词缀有两类:前缀和后缀。

1. 前缀

位于词根前面词缀是前缀。英语前缀基本不影响词性,但对词义的影响较大,通常对词义起修饰和限制作用。就此而言,前缀有着与副词相似的作用,可以表示态度、方式、否定等概念。下面来了解一些常见的、构词能力较强的英语前缀。

ant-, anti- 表示“反对”“反”“抗”“非”。例如:

anti-art 非正统派艺术

anti-knock 抗震剂

re- 表示“再”“又”“复”。例如:

rebuild 重建

reconsider 重新考虑

pre- 表示“在……之前”。例如：

precaution 预防

pre-emptive 先发制人的

under- 表示“在……之下”“不足”。例如：

undereducated 未受过良好教育的

micro- 表示“小的”“微的”。例如：

microbiology 微生物学

micro-element 微量元素

2. 后缀

后缀几乎不影响词义，但对词性影响不大，后缀会改变词性。与前缀相比，后缀与词根的关系更紧密，所以后缀通常与词根写在一起，不用连字符连接。按照属性，后缀可以分为名词后缀、动词后缀、形容词后缀和副词后缀。

（1）名词后缀。名词后缀只构成名词，具体包含以下几种类型。

①具体名词后缀，具体如下。

-al 表示“某行为与结果”（动词→名词）。例如：

arriv（达到）+ -al（某行为与结果）→ arrival 达到

dismiss（解雇、免除）+ al（某行为与结果）→ dismissal 解雇、免职

surviv（幸存）+ -al（某行为与结果）→ survival 幸存

-ee 表示“受……的人”（动词→名词）。例如：

interview（采访）+ -ee（受……的人）→ interviewee 被采访者

examine（考试）+ -ee（受……的人）→ examinee 考生

train（训练）+ -ee（受……的人）→ trainee 学员

-eer 表示“从事……的人”（名词→名词）。例如：

engine（工程）+ -eer（从事……的人）→ engineer 工程师

black market（黑市）+ -eer（从事……的人）→ black marketeer 黑市商人

-er/-or/-ar 表示“者,物”（动词→名词）。例如:

act（扮演）+ -or（者）→ actor 演员

examine（考试）+ -er（者）→ examiner 考官

beg（乞讨）+ -ar（者）→ beggar 乞丐

-ess 表示“阴性”（名词→名词）。例如:

wait（等待）+ -ess（阴性）→ waitress 女服务员

-ion/-tion 表示“某种动作导致的状态或机构”（动词→名词）。例如:

decide（决定）+ -ion（某种动作）→ decision 决定

alternate（交换）+ -tion（某种动作）→ alternation 交替

-ing 表示“动作的结果”（动词→名词）。例如:

earn（获得）+ -ing（动作的结果）→ earning 赚的钱

-ist 表示“有某种技能的人;信奉……的人”（动词→名词;名词→名词）。例如:

celli（大提琴）+ -ist（有某种技能的人）→ cellist 大提琴演奏者

common（共同的）+ -ist（信奉……的人）→ communist 共产党员

-ment 表示“动作的过程”（动词→名词）。例如:

enjoy（愉快）+ -ment（动作的过程）→ enjoyment 愉快

develop（发展）+ -ment（动作的过程）→ development 发展

-ness 表示“状态、品质、程度”（形容词→名词）。例如:

good（好的）+ -ness（状态、品质）→ goodness 善良

correct（正确）+ -ness（状态、程度）→ correctness 正确

careless（粗心）+ -ness（状态、程度）→ carelessness 粗心

②抽象名词后缀,具体如下。

-age 表示“度、量”。例如:

post（邮寄）+ -age（量）→ postage 邮资

waste（浪费）+ -age（量）→ wastage 浪费(量),损耗(量)

-dom 表示“状态、领域”。例如:

wis（知道）+ -dom（状态）→ wisdom 智慧

free（自由）+ -dom（状态）→ freedom 自由

martyr（牺牲）+ -dom（状态）→ martyrdom 牺牲

-ry/ery 表示“与……相关的状态或行为;场所;集合”。例如:

machine（机器）+ -ry（集合）→ machinery 机械

bake（烘焙）+ -ry（场所）→ bakery 面包店

delive（传递）+ -ry（与……相关的行为）→ delivery 递送

-ful 表示“所容的量”。例如:

hope（希望）+ -ful（所容的量）→ hopeful 有希望的

mouth（口）+ -ful（所容的量）→ mouthful 一口的量

hand（手）+ -ful（所容的量）→ handful 一捧的量

-hood 表示“某种状态或时段”。例如:

adult（成年人）+ -hood（某种时段）→ adulthood 成人期

brother（兄弟）+ -hood（某种状态）→ brotherhood 手足之情

-ing 表示“某种活动;材料、制……的工艺”。例如:

farm（农业）+ -ing（某种活动）→ farming 农事

swim（游泳）+ -ing（某种活动）→ swimming 游泳

spell（拼写）+ -ing（制……的工艺）→ spelling 拼写法

-ship 表示“某种状态或品质”。例如:

member（成员）+ -ship（某种状态）→ membership 成员资格

friend（朋友）+ -ship（某种状态）→ friendship 友情

③国家、国籍的后缀。具体包含以下三种情况。

以 -an 为国籍的后缀。例如:

国家	国籍	语言
America（美国）	American	English
Argentina（阿根廷）	Argentinean	Spanish/Portuguese
Australia（澳大利亚）	Australian	English

以 -ese 为国籍的后缀。例如：

国家	国籍	语言
China（中国）	Chinese	Chinese
Japan（日本）	Japanese	Japanese
Portugal（葡萄牙）	Portuguese	Portuguese

以 -sh 或 -ch 为国籍的后缀。例如：

国家	国籍	语言
Britain（英国）	British	English
Denmark（丹麦）	Danish	Danish
France（法国）	French	French

以 -i 为国籍的后缀。例如：

国家	国籍	语言
Iraq（伊拉克）	Iraqi	Arabic
Kuwait（科威特）	Kuwaiti	Arabic

（2）形容词后缀。形容词后缀只用于构成形容词，常见的有以下几种。

-able（-ible/-ble）表示"可……的""值得……的"。例如：

comfort（舒服）+ -able（可……的）→ comfortable 舒服的

comprehend（理解）+ -ible（可……的）→ comprehensible 可理解的

eat（吃）+ -able（可……的）→ eatable 可食用的

-al（-ial/-ical）表示"有……的""似……的""适于……的"。例如：

electric（电）+ -al（有……的）→ electrical 电的

economic（经济上的）+ -al（有……的）→ economical 节俭的

philosophic（哲学）+ -al（有……的）→ philosophical 哲学的

-ful 表示"充满着的""有……的"。例如：

care（谨慎）+ -ful（充满着的）→ careful 仔细的

faith（忠诚）+ -ful（充满着的）→ faithful 忠诚的

help（帮助）+ -ful（有……的）→ helpful 有帮助的

beauty（美丽）+ -ful（充满着的）→ beautiful 美丽的

-less 表示“无……”“缺乏……”。例如：

home（家）+ -less（无……）→ homeless 无家可归的

tire（疲惫）+ -less（缺乏……）→ tireless 不知疲倦的

peer（贵族）+ -less（无……）→ peerless 无与伦比的

child（孩子）+ -less（无……）→ childless 无子女的

-ive 表示“有……倾向”“具有……性质”。例如：

abuse（滥用）+ -ive（有……倾向）→ abusive 滥用的

create（创造）+ -ive（具有……性质）→ creative 有创造性的

substance（物质）+ -ive（具有……性质）→ substantive 实质性的

interrogate（怀疑）+ -ive（有……倾向）→ interrogative 疑问的

（3）动词后缀。动词后缀主要用于构成动词，常见的有以下几种。

-en 表示“使有”“变得有”。例如：

short（短）+ -en（变得有）→ shorten 变短

dark（黑）+ -en（变得有）→ darken 变黑

strength（力气）+ -en（使有）→ strengthen 加强

-ize（ise）表示“使……变成”“使……化”。例如：

legal（法律）+ -ize（使……化）→ legalize 使合法化

critic（批评）+ -ize（使……变成）→ criticize 批评

drama（戏剧）+ -ize（使……变成）→ dramatize 改编成剧本

computer（电脑）+ -ize（使……化）→ computerize 电脑化

-ate 表示“成为”“使化合”。例如：

chlorin（氯）+ -ate（使化合）→ chlorinate 使氯化

hyphen（以连字号连接）+ -ate（使化合）→ hyphenate 用连接号连接

-fy 或 -ify 表示“使……成为”“使有”。例如：

class（种类）+ -fy（使……成为）→ classify 分类

beauty（美丽）+ -fy（使……成为）→ beautify 美化

purity（净化）+ -fy（使……成为）→ purify 净化

（4）副词后缀。英语中，副词后缀数量较少，常见的有以下几种。

-fold 表示“倍数”。例如：

two（二）+ -fold（倍数）→ twofold 两倍

ten（十）+ -fold（倍数）→ tenfold 十倍

hundred（百）+ -fold（倍数）→ hundredfold 百倍

-ly 表示“程度、次序、某一时间”。例如：

first（第一）+ -ly（次序）→ firstly 第一

day（天）+ -ly（某一时间）→ daily 每天

happy（高兴）+ -ly（程度）→ happily 高兴地

calm（平静）+ -ly（程度）→ calmly 平静地

-ward（s）表示“方向，向……”。例如：

to（到）+ -ward（向……）→ toward 朝，向

up（上面）+ -ward（向……）→ upward 向上

back（后）+ -ward（向……）→ backward 向后

-wise 表示“方式”“方向”“方面”。例如：

clock（时钟）+ -wise（方向）→ clockwise 顺时针方向

length（长度）+ -wise（方向）→ lengthwise 纵向地

weather（气候）+ -wise（方面）→ weather-wise 在气候方面

curriculum（课程）+ -wise（方面）→ curriculum-wise 就课程方面来说

（二）复合法

复合法是指将两个或两个以上的词按一定的语法结构组成新词的方法。由复合法构成的词为复合词。复合词的类型多样，其中以复合名词、复合形容词、复合动词居多。

1. 复合名词

复合名词,即在构成新的词之后其词性为名词,这种构成方式比较灵活,具体包含以下几种形式。

(1)名词+名词。例如:

hard disk 硬盘

clubfoot 畸形足

homework 家庭作业

(2)名词+动词。例如:

frostbite 冻伤

backrest 靠背

heartbreaker 伤心

(3)动词+名词。例如:

driveway 车道

haircut 理发

pickpocket 扒手

(4)形容词+名词。例如:

blackboard 黑板

double-dealer 两面派

(5)名词+ -ing。例如:

air-conditioning 空调

handwriting 书法

(6)-ing +名词。例如:

baking powder 发酵粉

chewing gum 口香糖

(7)副词+名词。例如:

after-effect 后效

underclothes 内衣

(8)副词+动词。例如:

downfall 垮台

outbreak 爆发

2. 复合形容词

复合形容词由两个或两个以上的单词组成用以修饰一个名词,而且词与词之间有连字符号。构成复合形容词的方式有以下几种。

(1)名词+形容词。例如:

care-free 无忧无虑的

large-scale 大规模的

(2)形容词+形容词。例如:

curly-haired 卷发的

the light-green meadow 浅绿色的草地

(3)数词+名词。例如:

first-class 一流的

one-child 独生子的

(4)数词+ -ed。例如:

one-eyed 独眼的

one-side 单边的

(5)名词+ -ing。例如:

law-abiding 守法的

ocean-going 远洋的

(6)形容词+ -ing。例如:

easy-going 随和的

ever-lasing 永恒的

(7)-ing +形容词。例如:

freezing-cold 冰冷的

steaming-hot 滚烫的

(8)副词+ -ing。例如:

far-reaching 深远的

hard-working 勤劳的

(9)名词+ -ed。例如:

book-filled 放满书的

air-conditioned 有空调的

(10)-ed +副词。例如:

broken-down 出了故障的

burnt-out 燃烧尽的

(11)形容词/副词+ -ed。例如:

good-tempered 脾气好的

far-fetched 牵强附会的

3. 复合动词

由于复合动词有着简短生动、易于记忆的特点,因此在英语中的运用范围越来越广泛。复合动词的构成方式多种多样,具体包含以下几种。

(1)名词+动词。例如:

to tax-pay 纳税

to night-watch 守夜

(2)形容词+动词。例如:

to small-talk 聊天

to blueprint 为……制蓝图

(3)动词+动词。例如:

to tie-dye 扎染

to let pass 原谅

(4)副词+动词。例如:

to undergo 经历

to uphold 高举

(5)名词+名词。例如:

to pocket-veto 拒绝签署

to wall-paper 在……上糊以壁纸

(6)形容词+名词。例如:

to brown-nose 拍……的马屁

to blackmail 敲诈

(7)动词+名词。例如:

to copy-tape 转录

to test-market 试探市场行情

(三)缩略法

将词的音节加以省略或简化而成的词统称为缩略词,这种构词方法称为缩略法。英语缩略词主要有三种类型。

1. 截短词

截短词是指通过截除原词的某一音节或者“截头去尾”的方法而构成的词。例如:

periwig → wig 假发

examination → exam 考试

spectacles → specs 眼镜

prescription → script 处方

2. 首字母缩略词

首字母缩略词是指利用一个词的首字母代表一个词组的缩略词。例如:

ATM: automatic teller machine 自动取款机

BBC: British Broadcasting Cooperation 英国广播公司

CSE: Certificate of Secondary Education 英国中等教育证书

DIY: do it yourself 自己动手做

GPS: global position system 全球定位系统

VOA: Voice of America 美国之音

3. 首字母拼音词

首字母拼音词是指将首字母组成的缩略词拼读成一个词。

首字母拼音词广泛见于国际机构、组织名称中。例如：

APEC：Asia Pacific Economic Cooperation 亚太经合组织

UNESCO：United Nations Educational, Scientific and Cultural Organization 联合国教科文组织

二、词汇变化

英语词汇生命力极强，在不断的发展过程中总是不断变化，这种变化在词义、词性上均有体现。

（一）词义变化

在日常的交际中，人们需要无穷的词汇和符号来表达自己的思想，但人们又不可能创造出无数个单词，对此人们就赋予已经存在的单词以新的意义，从而创造新的词汇。词义的变化具体包含以下几种情况。

1. 词义扩大

词义扩大又称"词义的一般化"，是指将原来特定的、具体的含义扩大为概括的、普遍的含义，从而使新义大于旧义的现象。词义的扩大主要包含以下几种情况。

（1）从具体到抽象。例如：

pain 罚款→惩罚、痛苦

arrive 靠岸→到达

bend 上弓弦→弯曲

place 广场→地方、地位、处境

（2）从特指到泛指。例如：

journal 日报→一切报刊

mill 磨坊→工厂

arrive 登陆→到达

manuscript 手稿→草稿

butcher 宰羊的人→屠夫

(3)从术语到一般词语。例如:

tangent 切线→离题的

sadism 虐待狂(仅指生活中的)→虐待狂(任何范围的)

alibi 不在犯罪现场→托辞、借口

2. 词义缩小

词义缩小是指将原来概括的、普遍的含义缩小为特定的、具体的含义,从而使新义小于旧义的现象。词义缩小具体包含以下几种情况。

(1)从抽象到具体。例如:

room 空间、地方→房间

catch 抓住、捉住→拉手、窗钩

(2)从泛指到特指。例如:

meat 各种食物→肉类

pill 各种药片→避孕药

stink 任何一种气味→臭味

(3)从一般词语到术语。例如:

soft 柔软的→(市场层面)疲软的

capsule 胶囊→(航天器的)回收

(4)从普通名词到专有名词。例如:

city 城市→ the City 伦敦的商业区

cape 海角→ the Cape 好望角

peninsula 半岛→ the Peninsula 伊比利亚半岛

(二)词性的转换

词性的转换会使词语从指某种具体的实体或概念变为指某种方法或属性,从而改变原来的词义。例如:

	名词	动词
engineer	工程师	做工程师;计划、操作

stump	树桩	挑战
hog	猪	贪心攫取、多占
share	一份、股份	分享、共享

(三)词义的升降

人们在使用词汇的过程中会赋予词汇一定的感情色彩,或褒或贬。贬义词或中性词获得褒义就是词义的升格,褒义词或中性词获得贬义就是词义的降格。

1. 词义升格

词义的升格主要有以下两种渠道。

(1)名词或形容词的升格。例如:

paradise 花园→天堂

angle 信使→天使

fond 愚蠢的→爱的、多情的、喜欢的

nimble 善于偷窃的→敏捷的

(2)表示高官的名称的升格。例如:

governor 舵手→总督

constable 马夫→警官、警察

ambassador 信使→大使

lord 分发面包的人→贵族

knight 侍从→爵士、骑士

minister 仆人→大臣、部长

politician 欺诈、邪恶→政客、政治家

marshal 喂马的人→元帅、高级指挥官

2. 词义的降格

词义降格的渠道包含以下三种。

(1)一些名词、形容词的降格。例如:

cunning 知晓的→狡猾的

sad 满足的→镇静的→严肃的→悲哀的

(2)一些与妇女相关词汇的降格。例如：

wench 青年女子→娼妓、荡妇

quean 妇女→妓女、轻佻的女人

(3)与农民相关词汇的降格。例如：

boor 农民→粗鲁的人

villain 村民→坏人

第三节 词汇学理论在大学英语教学中的应用

词汇是语言的三大要素(语音、语法、词汇)之一,在传递信息的过程中,词汇所承载的远远超过语音和语法,所以词汇是人类应用语言的重要前提。正如英国著名语言学家威尔金斯(Wilkins,1972)所描述的“没有语法很多东西无法传递,没有词汇任何东西无法传递”。[①] 词汇是英语学习的重要内容,在整个英语学习中占据着重要地位。词汇学是专门研究词汇的一门学科,学习词汇学并将词汇学理论运用于英语词汇教学中,有助于提高教学的效率,帮助学生掌握词汇学习的规律,有效掌握词汇学习的方法和途径。具体而言,在英语词汇教学中,教师可结合词汇学理论采用以下几种方法开展词汇教学。

一、扩大词汇输入渠道

词汇的运用都离不开词汇的学习和积累,所以在教学中教师应扩大学生词汇输入的渠道,使学生可以通过不同的渠道获取词汇知识,扩大词汇量。而网络多媒体的发展与运用正好为扩大词汇输入渠道提供了可能。在网络多媒体背景下,教师在英语词汇教学中应该为学生输入足量的语言信息,使学生能够使用这些语

① Wilkins, David A. *Linguistics in Language Teaching*[M].Cambridge: MIT Press, 1972: 48.

言信息进行自然的交流。另外，有很多的学习材料都附有音频资料，学生可以根据需要下载听取，对自己的词汇知识进行巩固。

二、讲授词汇记忆方法

词汇的记忆和积累对于词汇的掌握和运用至关重要，所以在英语词汇教学中，教师可根据词汇学理论教授记忆词汇的方法。具体而言，教师可向学生介绍以下几种记忆词汇的方法。

（一）归类记忆

1. 按词根、词缀归类

在词汇学习过程中，记忆词汇是非常枯燥的一件事情，但通过词根、前缀和后缀来记忆可有效提高记忆效率，进而逐渐扩大词汇量，而且也能降低词汇记忆的枯燥感。

2. 按题材归类

日常交际中的话题非常多，针对某一话题，教师可将与这一话题相关的词汇进行归类教授，这样可使学生的词汇学习形成系统，有一个系统的记忆，如图 4-1 所示。

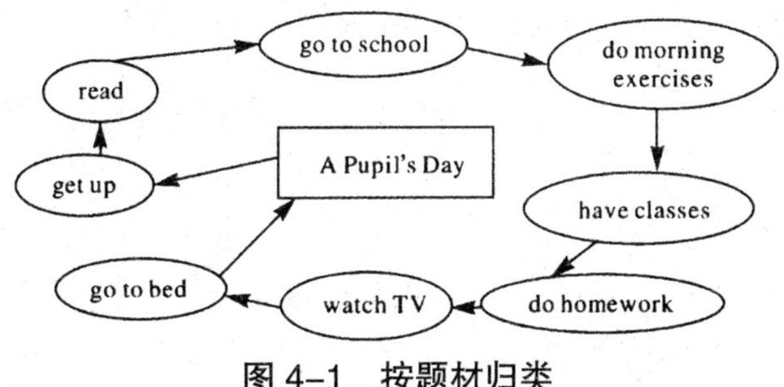

图 4-1　按题材归类

（资料来源：林新事，2008）

通过图 4-1 可以看出，与"A Pupil's Day"这一话题相关的单词有很多，这样记忆更加系统，而且更加有效。

（二）联想记忆

联想记忆就是以某一词为中心，联想出与之相关的尽量多的词汇，这样不仅可以有效记忆词汇，而且可以培养发散思维。如图 4-2 所示。

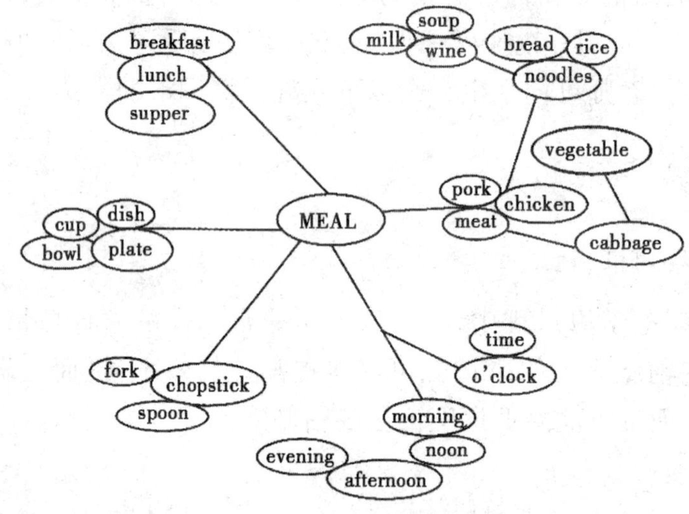

图 4-2　meal 的词汇联想

（资料来源：何少庆，2010）

通过图 4-2 可以看出，通过单词 meal 可以联想到与之相关的众多词汇，这不仅能提高记忆的效率，扩大词汇量，还能拓展思维能力。

（三）阅读记忆

通过阅读来学习词汇，不仅能有效记忆词汇，而且能加深对词汇的理解，掌握词汇在具体语境中的运用情况。阅读有精读和泛读之分，通过精读可以进行有意识的记忆，通过泛读可以进行无意识的记忆，在泛读中又可以巩固精读中所学的词汇。在具体的教学过程中，教师可引导学生将精读与泛读结合起来，从而使学生对词汇加深记忆，提高学生的词汇运用能力。

三、进行文化教学

在英语词汇教学中，教师可以采用文化教学法开展教学，即在英语词汇教学中融入文化知识，以丰富学生的文化知识，提高学生的词汇运用能力。具体教师可采用以下几种方法开展文化教学。

（一）融入法

我国学生都是在汉语环境下学习英语的，很少接触英语环境，更是较少了解英语文化，所以在遇到与课文相关的文化知识时，往往会感到迷惑。此时，教师就要积极发挥其主导作用，采用融入法在课堂教学中融入一些英语文化知识，也就是精选一些典型的与教学相关的文化信息材料，然后将它们恰当地运用到教学中，以增加课堂教学的知识性、趣味性，活跃课堂气氛，加深学习内容的深度和广度，激发学生的求知欲。例如，对于 the Big Apple 这一表达，学生基本知道其字面含义，也有部分学生知道其是纽约市的别称。但大部分学生并不知其为什么是纽约的别称，此时教师可以向学生介绍美国的历史文化，这样既能丰富学生的英语文化知识，又能拓宽学生的文化视野。

（二）扩充法

课堂教学时间毕竟是有限的，因此教师可引导学生进行自主学习，即充分利用课外时间来扩充词汇量，丰富词汇文化知识。具体可采用以下几种方式。

（1）推荐阅读

词汇的文化内涵是极其丰富的，涉及生活的方方面面，教师在课堂上不可能讲授所有相关的文化知识，因此为了扩大学生的知识面，丰富学生的词汇文化知识，就可以有意识地指导学生进行课外阅读。教师可以选择性地向学生推荐一些英美国家的富含社会文化背景知识的优秀书刊，如《英语学习文化背景》《英美概况》以及 *Chinadaily* 等，还可以引导学生阅读原文名著，让学生深刻体会英美民族文化的精华。这样不仅能培养学生的自主学习能力，还能丰富学生的文化知识，扩充学生的词汇量。

（2）开展实践活动

丰富的语言文化知识和灵活的实践应用能力是构成跨文化交际能力的重要部分，跨文化交际能力就是通过实际交际来感受不同文化间的差异，从而形成对文化差异的敏感性，并在交际实践中调整自己的语言理解和语言产出。因此，教师应积极为学生创设情境，鼓励学生积极参与实践活动，从而丰富学生的词汇文化知识。教师可以组织学生参与英语角、英语讲座等，让学生接触地道的英语，在英语语境中学习文化知识。

（3）观看英语电影

很多英语电影都蕴含着浓厚的英美文化，而且语言通俗、地道，因此教师可以引导学生观看一些英语电影。观看英语电影不仅能调动学生的积极性，而且能让学生切实感受英美文化，接触到地道的英语，对于提高学生的文化素养和英语能力十分有利。

（三）对比分析法

英汉文化在很多方面都存在着差异，通过对英汉文化的对比分析，可以对英汉文化有一个更加深入的了解，也能获得跨文化交际的敏感性。因此，在英语词汇教学中，教师应有意识地对中西词汇文化进行比较分析，使学生了解中西文化差异，深刻理解和掌握词汇文化内涵。

总体而言，研究和学习词汇学，对有效学习、记忆、掌握和运用词汇具有重要意义。而且，将词汇学理论运用于英语词汇教学也意义重大，能有效提高英语词汇教学的效率和质量。

第五章　句法学理论指导下的大学英语教学改革

句法主要涉及短语、句子等句法单位的构成与变化规则。了解英语句法理论体系的相关知识是进行英语句法教学的前提。本章主要介绍英语句法体系的构成内容，包括句法、句法学、句法学理论，在此基础上分析句法学理论在大学英语教学中的应用。

第一节　句法与句法学

句法学是一门独立的学科。尽管句法和句法学都属于从语言理论的角度对语言进行的研究，但是句法和句法学却是两个不同的概念。下面就对句法和句法学这两个概念进行分析。

一、句法

英语句法属于经验认识的理论，它是人类生活的物质和意识两方面持续辩证发展的结果。如果将语言看成是人类对经验的识解，那么句法就是经验识解的方式。句法虽然使意义的表达具有可能性，但同时对什么可以被意义化设定了限定。

（一）句法的界定

句法在语言中具有举足轻重的作用。谈及句法的定义，不同的学者有不同的界定。下面就对国内外比较有代表性的句法的定义进行列举。

1. 国外学者的观点

英国著名应用语言学家H.G. 威多森对句法的定义为，句法是一个规则系统，包括词汇变化规则和词汇造句规则。

美国路易斯安那州立大学的语言学教授尤尔（George Yule）认为，句法是一套结构体系，其分析框架包括意义、形式和用法三个方面，这三个方面是相互结合的，可以通过应用的上下文语境来解释不同的句法形式和不同的句法意义。

朗曼在《应用语言学词典》中将句法定义为，句法是语言单位（词汇、词组等）组成句子时所遵循方式的一种描述。

2. 国内学者的观点

胡壮麟[①]认为，句法应该被看作一个理性的动态系统而非任意规则的静态系统，这种定义更利于在语言教学中培养学生良好的语言应用能力。

戴炜栋[②]提出，句法是一个广义的概念，包含的范围：元语言知识、语言规则和特征、语用规则和特征、词性规则、句法规则（如单音节形容词构成比较级加 er）、语言项目规则（如动词 interest 后面跟介词 in）等。

赵艳芳[③]认为，句法的定义应该分为狭义和广义两种。狭义的句法由句法和词法两部分组成，针对语言结构进行研究，可以脱离语音和语义存在。广义的句法研究对象包括了语音和语义等语言的各个部分，是对语言的整体结构体系和规则的研究所形成的语言理论。

国内外不同的学者对句法的定义不尽相同，但随着句法学研究的不断深入，人们对语言本质的理解也逐渐深刻。句法在描述

① 胡壮麟 . 语言学教程（第 3 版）[M]. 北京：北京大学出版社，2007：78.

② 戴炜栋，束定芳，周雪林，陈夏芳 . 现代英语语言学概论 [M]. 上海：上海外语教育出版社，1998：112.

③ 赵艳芳 . 认知语言学概论 [M]. 上海：上海外语教育出版社，2001：11.

规律时是一种静态系统，而在实际使用中往往呈现动态的一面，是语言形式、语言意义和语言应用的结合。

（二）句法的演变过程

英语句法的演变过程主要经历以下三个阶段。

1. 拉丁语阶段

拉丁语阶段指的是从16世纪后期到17世纪中期，这个阶段的句法完全依赖于拉丁语。在这个阶段有很多句法书出现，但是这些句法书大多是用拉丁语写的，显然这些书并不是用于教学的，而只是作者生搬硬套拉丁语的句法到英语上的。

2. 英语标准语阶段

这个阶段的英语句法研究有了新的突破，从17世纪后期至19世纪中后期，规定性英语句法出现。为了实现英语的规范化和标准化，1755年，约翰逊率先编著了第一部英语词典。这部词典对英语词汇的发音、拼写、释义和用法都进行了统一标准的规定，这部词典标志着现代英语标准语的正式开始。这一阶段英语句法着重研究词法，对句法的研究重视不够。

3. 句法体系阶段

19世纪末，规定性句法受到了描写派句法的挑战，描写派主张将英语句法现象总结起来，构成英语特有的句法体系。描写性句法强调观察之后的总结和发现，在对客观存在的句法现象进行观察之后，用总结的方法来形成自己独特的句法规则，而不是生搬硬套其他语言的句法规则。所谓描述性句法，就是对所存在的句法现象进行客观描述。

二、句法学

句法学和句法从严格意义上讲存在着很大的区别。下面针对句法学的相关问题进行如下分析。

（一）句法学的概念

通常情况下，人们认为句法学是一门研究句法规则的学科。王希杰[①]认为，句法学是以语言符号之间的结构规律为研究对象的一门独立的语言学科。从这点来看，句法和句法学之间存在着本质的区别。句法是语言符号间的客观规律，它是客观存在的，不以人的意志为转移。但是，句法学则是主观的，句法学往往带有人为的创造性，甚至存在着多种多样的句法学。

（二）句法学的多元化分析

1. 句法学分析

句法学也是一门学科，这门学科旨在研究语言学科中的句法部分，研究的方向包括：句法学的起源与发展、针对一种语言的多种句法规律的分析评价、评价标准与方法等。句法是句法学的研究对象，句法学家是句法学研究的主体。

2. 句法学家分析

句法学家是研究语言句法的专家，人们通常所使用的句法规律是句法学家通过对语言规律的研究分析而建立的，他们是句法学的中介者。

3. 零度与偏离分析

科学研究往往将假设中的理想状态作为研究的前提条件，而实际状态是偏离理想状态的，科学研究很难下手。

（1）零度。语言学界将理想环境下理想的说话人与听者之间的交际称作“零度”。但事实上，理想的状态在现实生活中几乎是不存在的。因而，语言学研究中的“零度”很难涵盖千变万化的语言现象，甚至会脱离大众，并且没有任何社会效益，因而便顺

① 王希杰．语言是什么？[M].上海：上海教育出版社，1983：102.

应社会发展形成生了社会语言学等学科。

（2）偏离。偏离指的是人们在现实交际中的话语或言语行为与理想状态不一致的情况。偏离又有正偏离和负偏离之分。正偏离指的是现实交际中的话语或言语行为能提高表达效果的情况。最佳的言语行为或言语作品可表示为“＋1”。与之相反，负偏离则指的是现实交际中的话语或言语行为对表达效果不起作用甚至损害表达效果的情况。最坏的言语行为或言语作品可表示为“-1”。从零度到“＋1”和“-1”之间存在偏离差。事实上，零度、“＋1”和“-1”这些概念都是科学的假设，是在现实生活中很难实现的状态。

第二节 句法学理论概述

一、句法分析

句法关系主要包括位置关系、同现关系以及替代关系。其中，位置关系属于显性关系，能够直接看到。替代关系和同现关系属于隐性关系，仅仅通过句子结构是难以找到规律的，只能通过一系列的对比之后才能发现。

（一）纵聚合关系

纵聚合关系是指在同一句法位置上可以相互替换的词或词组之间的关系，这也称为“替代关系”。纵聚合关系主要体现在以下两个层面。

从一方面来说，纵聚合关系在句法上表示可以在相同结构的句子中相互替换的词类或词语的集合，如表5-1所示。

表 5-1 纵聚合关系示例表

His	baby	slept	happily
Her	boy	cried	sadly
A	dog	barked	loudly

（资料来源：胡壮麟，2007）

从另一方面来说，纵聚合关系还可以在句法上表示特定集合中的单个语词可以由多个词构成的词组来代替，如图 5-1 和图 5-2 所示。

A { little boy / pretty girl / sad wamen } ran away.

图 5-1 纵聚合关系示例图一

（资料来源：牟杨，2009）

He called { yesterday. / lastnight. / a week before.

图 5-2 纵聚合关系示例图二

（资料来源：牟杨，2009）

（二）同现关系

同现关系指的是词性不同的词语在组成语句或者语句的某些句子成分时，要借助其他词性的词语来完成。

例如，位于名词短语前面的修饰语可以通过添加形容词或者限定词的方式实现，名词短语后面可以添加动词短语，如图 5-3 所示。

A Asian	girl	laugh
The cute	boy	sang
An angry	man	screamed
...		...

图 5-3 同现关系示例图

（资料来源：牟杨，2009）

由此可见,前置修饰语与后跟的动词短语之间属于纵聚合关系,而名词短语与它们两者之间的关系则为横组合关系。

(三)位置关系

语言在发挥交际功能时,要明确句子的句法结构和各短语用法。例如,“The boy kicked the ball.”在这个语句中,需要借助某种方式来标识出主语是第一个名词,间接宾语是第二个名词。在日常交流过程当中,词缀法和词序是应用最为广泛的两种表达方式。

位置关系即词组或者词语在组成语句时的顺序关系,又叫作“语序”。如果语句结构不遵循对应的规则,就会导致语句在句法上存在错误或者语句失去原本的意思。例如:

词汇: old, wolf, killed, man, the, an/a 的可能组合形式有以下几种。

The old man killed a wolf.

A man killed the old wolf.

A wolf killed an old man.

The man killed an old wolf.

The old wolf killed the man.

An old wolf killed the man.

以上这些句子虽然表达的意思有所不同,但是在句法以及逻辑关系上是完全成立的,这些句子是正确的英语句子,但是如果将上面的单词按照下面的顺序进行排列则是不合乎句法规则的,在逻辑上也是不成立的。例如:

Old killed man wolf the a

A the old man wolf killed

这些句子只不过是单词的简单堆砌,并没有任何句法规则,因此不属于英语句子的范畴。不合乎句法规则的词汇排列自然就不是句子。

除此之外，就算是两个语句的句法正确，在字数、词形方面基本相同，位置关系的差异也会改变语句的意义，两个语句的意思也有可能截然相反。

二、句法功能分析

句法功能指在一个句型中的某一部分与其他句子部分的关系。"功能"包括主语、谓语(动)词、宾语、补语、修饰语等。

(一)主语

主语指整个句子表达的主要对象，能够充当主语的词语有名词、代词、数词、动名词、名词化的形容词、不定式和主语从句等。

在英语的表达中，主语是句子中动词的发出者，宾语是动词的接收者。但是，这一说法也并不是绝对的。例如：

A dog bit Jack.

Mary slapped Jack.

Jack underwent major heart surgery.

Jack was bitten by a dog.

如上四个例句，例 1 和例 2 这两个句子中的主语为动作的实施者，而例 3 和例 4 中主语却是动作的承受者。

(二)谓语

谓语主要是对主语进行陈述，用于说明主语是什么样的或者对句子的成分进行说明。主语和谓语是英语句子的主要成分也是最基本的成分，英语句子一般都含有主语和谓语。谓语一般表达与主语有关的动作、过程和状态。

(三)宾语

宾语是动词的一种连带形式，英语中的宾语一般位于及物动词的后面。传统上将主语定义为动作的实施者，因此人们普遍将宾语定义为动作的承受者或目标。宾语可由名词、动名词、代词、数词、名词化的形容词、不定式以及宾语从句等来担任，宾语可以进一步分为直接宾语和间接宾语。

（四）表语

表语也称为“主语的补语”，用来表述主语的特征、身份、状态等，是对句子主语的补充和说明。用在“主语＋系动词＋表语”结构中，作表语的词语主要包括名词、形容词、代词、数词和具有名词或形容词词性特征的词、短语（如不定式短语、动名词短语、分词短语、介词短语等）或从句等。

（1）名词作表语。例如：

Knowledge is a **treasure**, but practice is the **key** to it.

知识是一座宝库，但实践是开启宝库的钥匙。

He became **king** when he was a child.

他在儿时就当了国王。

It's a **pity** that we shall be a little late.

令人遗憾的是我们将要迟到一会儿。

（2）代词作表语。例如：

Art is **I**; science is **we**.

艺术要个性，科学需合作。

She is very tired and looks **it**.

她很累了，并已显出来了。

Whose is that sweater?

那件毛衣是谁的？

（3）数词作表语。例如：

My daughter is **24** already.

我女儿已经 24 岁了。

We are **eight**.

我们一共 8 个人。

(4)形容词作表语。例如:

He will not rest **content** with these victories.

他绝不满足于这些胜利。

Please feel **free** to say what you really think.

请随便谈谈你的真实想法吧。

Are you **busy**?

你有空吗?

(5)副词作表语。例如:

Are you **there**?

你听着呢?(电话用语)

My day's work is **over**.

我这一天的工作做完了。

Is anybody **in**?

里面有人吗?

(6)不定式作表语。例如:

All I could do was **to wait**.

我只能等待。

The purpose of education is **to replace** an empty mind with an open one.

教育的目的是用敞开的胸怀取代一个空虚的灵魂。

(7)动名词作表语。例如:

Is that **asking** so much?

这是要的高了吗?

Complimenting is **lying**.

恭维即是说谎。

(五)定语

定语是用于表示名词或代词的品质、属性、数量、特征等的修饰成分,主要修饰名词。名词、代词、形容词、数量词、介词短语,以及具有上述词类属性的词、短语（如分词、不定式、动名词）或从句等都可以作定语。

（1）形容词用作定语。例如：

You're a **proper** fool if you believe it.

你如果相信他你就是个十足的傻瓜。

He is a **natural** musician.

他是一位天生的音乐家。

（2）名词用作定语。例如：

sports car 双座轻型汽车

well water 井水

（3）副词用作定语（经常后置）。例如：

the world **today** 今日世界

the room **above** 楼上的房间

a day **off** 休息日

the way **out** 出路

（4）不定式、不定式短语或不定式复合结构用作定语。例如：

He has a wish **to travel round the world**.

他有周游世界的愿望。

Her promise **to write** was forgotten.

她忘记了答应写信的事。

（5）动名词用作定语。例如：

learning method 学习方法

sleeping pills 安眠药片

（6）分词用作定语。有以下两种情况。

过去分词短语用作定语。例如：

A **faded** flower 一朵凋谢了的花

a **retired** worker 一名退休工人

现在分词短语用作定语。例如：

a **drinking** man 嗜酒者

a **sleeping** baby 一个熟睡的婴儿

(六)状语

状语是用于表示时间、地点、方式、比较、目的、结果、条件、让步、原因、状态、程度等的修饰成分,主要修饰动词或形容词。副词、介词短语、分词、不定式以及从句等都可以作状语。

(1)名词作状语。具体包含以下几种形式。

其一,名词在一些固定词组中用作状语,置于其所修饰的词之前。例如:

bottle feed 用奶瓶喂婴儿

day-dream 做白日梦

其二,名词用作状语,多置于句末。例如:

The Party teaches us to serve the people **heart and soul**.

党教导我们要全心全意为人民服务。

(2)指示代词、不定代词作状语。指示代词、不定代词作状语,多置于其所修饰词语之前。例如:

My coffee is **none** too hot。

我的咖啡不很热。

We have walked **this** far without stopping.

我们不停地走了这么远。

(3)数词作状语。数词有时亦可用作状语,多置于动词之后。例如:

He wouldn't sit **thirteen** to dinner.

他不愿意在宴会上坐第13个座位。

(4)形容词作状语。某些形容词有时可以用作状语,多置于另一形容词之前。例如:

new-born 新生的

white hot 白热化的

devilish cold 极冷

（七）补语

补语是置于动词或名词后面的一种补足主语和宾语意义的句子成分，用来回答"怎么样"之类的问题。作补语的词或词组主要有名词、形容词、介词短语、分词短语等。补语分为主语补语和宾语主语。

（八）同位语

同位语是以相当于该名词的其他名词作为补充者。可以作同位语的词主要有名词、数词或具有名词词性特征的词、词组或从句。

（1）of 短语用作同位语。例如：

the city **of Rome** 罗马城

the vice **of smoking** 吸烟嗜好

the art **of writing** 写作艺术

（2）从句作同位语。例如：

There is no doubt **that he is guilty**.

毫无疑问，他是有罪的。

（九）独立成分的分析

独立成分指的是与句子中其他成分没有句法关系（一致关系、修饰关系、连接关系等）的词、短语或分句，它们与其他成分之间通常用逗号隔开。独立成分有以下三种。

（1）感叹语。感叹语（interjection）通常由感叹词表示，也可以由某些短语表示，一般位于句首，有时也可置于句中或句末。表示强烈感情时，其后可用感叹号。

（2）呼语。呼语（vocative）通常由表示人的专有名词表示，也可以是某些普通名词或短语，可位于句首、句中或句末。例如：

John, you are wanted on the phone.

约翰,有你的电话。

Come in, **Tom**/my friend.

进来,汤姆/我的朋友。

(3)插入语。插入语(parenthesis)是指插在句中的词语,表示说话人对说话内容的态度、看法或补充说明,通常由副词(短语)、介词短语、不定式短语、现在分词短语或分句担任,可位于句首、句中或句末。例如:

That will be a good beginning, **I hope**.

我希望那将是个良好的开端。

三、句法结构及其成分解读

(一)句法结构分析

句法结构指在语言交流过程中,所有句子都有一种或者几种的句法结构,在语言学层面上,其结构具有一定的规律和作用。从句法角度出发,句法结构能够分辨某种语言的内部和外部的特征。其中,外部特征是针对整体结构的特征。也就是说,人们了解句与句之间或者更高级结构的有关知识。下面就结合句子的线性结构和句子的层析结构进行具体分析。

1.线性结构的句式

传统句法研究的专家和学者认为,语句知识将很多单独的词语组合到一起的结果。概括来说,当我们说话时,每个词语都是以一定的顺序依次排列的,说话人或者听众也是按照一定的顺序听到这些词语的。所以,语句中的词语是按照一定的顺序进行线性排列的。例如:

The boy likes the girl.

在写这一句子时,就是按照主语、谓语和宾语逐一写出的,读者也是按照这一顺序读这句话的,这就很好地体现了句子的线性结构。

2. 层析结构的句式

按照上文所述可知，语句拥有线性结构这一特点，如果对语句进行理解或者剖析，就不能简单按照线性排列进行理解和分析了，结构语言的专家和学者提出了新的结构，即层次结构，这种结构更加的复杂。他们认为，句子具有层次分明的特点，换句话说，我们可以将句子分成多个小部分进行更加细致的分析，从这个角度分析，句子是由这些更小的部分组成的，而且这些小部分还可以组成更大的语言结构。

以上述句子为例进行分析。

(The boy) (1ikes the girl).

这样一来，小的成分就可以和其他成分结合组成更大的单位。句子本身(The boy likes the girl.)是最大的成分，但这一成分是由(The boy)和(1ikes the girl)这两个比较小的成分组合而成的，(The boy)和(1ikes the girl)这两个成分就是(The boy likes the girl)的直接成分。

（二）句法结构与成分分析

下面就结合树形图、直接成分分析法以及向心结构和离心结构分析法对句法结构进行分析。

1. 树形图成分

在句子成分分析中，经常会使用树形图，在树形图中需要将常用的句法单位用以下标记呈现出来，如表 5-2 所示。

表 5-2　树形图成分分析法常用的句法单位标记

词类	短语类
名词（N）	名词短语（NP）
形容词（A）	形容词短语（AP）
动词（V）	动词短语（VP）

续表

词类	短语类
介词（P）	介词短语（PP）
限定词（Det）	句子或小句（S）
副词（Adv）	
连词（Conj）	

（资料来源：胡壮麟，2007）

句子 “The girl likes the boy.” 可以用树形图表示，如图 5-4 所示。

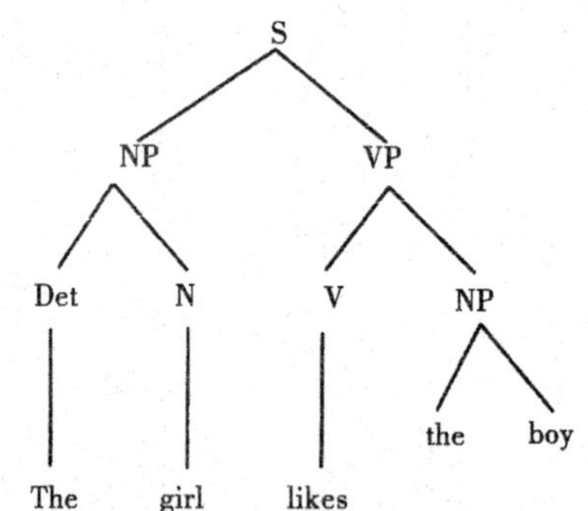

图 5-4　树形图成分分析法示例图

（资料来源：胡壮麟，2007）

2. 向心结构

从功能上说，向心结构的分布与其成分的分布具有同一性，这成分可以是一个单个的词，也可以是一组词。一般来说，名词短语、动词短语等通常都属于这一结构形式。例如：

按照组成成分之间的关系，向心结构可分为两类，即并列和从属。

（1）并列。两个或者两个以上的成分用 but，and，or 等连接起来就是并列结构。从句法地位上说，前后部分的地位是同等的。例如：

Tom and Jerry

Is that girl Lily or Lucy？

（2）从属。将语言单位进行连接，使各个单位具备不同的句法地位的过程即从属，其中一个单位对于另一个单位是依赖的关系，并且往往是另一个单位中的一个成分。例如：

three boys

his brother

that house

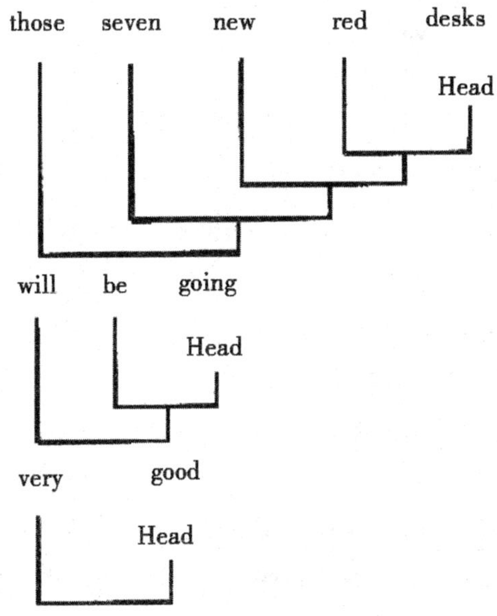

3. 离心结构

离心结构与向心结构相反，指的是在一组句法上相关的词，在功能上并不与整个词组有着相同的功能，即词组中并不存在中心词。例如：

The young man cried.

上例中，The young man 和 cried 两个成分都不能替代整个句子结构。

4. 直接成分分析

在英语句法学中，成分是一个大的语言单位，其是在句子结构分析中针对各种句法单位而产生的术语。例如，在“The boy ate the apple.”这个句子中，“句子”用 A 替代，the boy 用 B 替代，

ate the apple 用 C 替代,这三者分别代表一个成分,而 B 与 C 可以被认为是 A 的直接成分,这种关系可以表示为图 5-5。

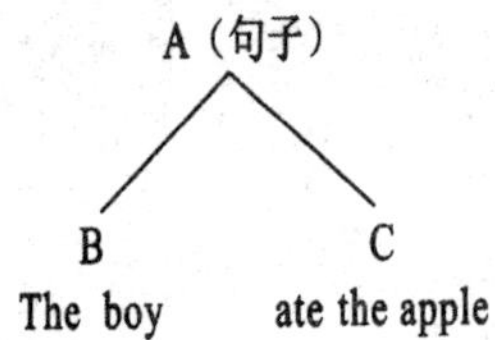

图 5-5 "The boy ate the apple." 成分分析

(资料来源:胡壮麟,2007)

可以看出,A 是 B 与 C 的母节点,而 B 与 C 则可以被认为是姐妹节。这种简单的树形图可以表达出 A 与 B、C 的关系,也可以表达出 B 与 C 是按照一定的次序进行排列的。

上述这种将句法结构分解的方法就被称为直接成分分析法(immediate constituent analysis),简称为 IC 分析。直接成分分析法对于句子层级结构非常强调,认为句子中的词首先构成词组,只有这样才能将句子的内在结构显示出来,也才能在此基础上找到一些具有歧义的结构。

如果一个句法单位的成分结构可以用树形图表示的话,那么我们可以用句法范畴对其节点加以表示,表 5-3 是常用的句法范畴示例。

表 5-3 常用的句法范畴示例

词语类的句法范畴	V (verb) 动词
	N (noun) 名词
	A (adjective) 形容词
	Adv (adverb) 副词
	P (preposition) 介词
	Det (determiner) 限定词
	Con (conjunction) 连词

续表

短语类的句法范畴	VP（verb phrase）动词短语
	NP（noun phrase）名词短语
	AP（adjective phrase）形容词短语
	PP（preposition phrase）介词短语
	S（sentence）句子或分句

（资料来源：胡壮麟，2007）

下面，以"The woman cleaned the house."这个句子为例，运用树形图对其进行分析，如图 5-6 所示。

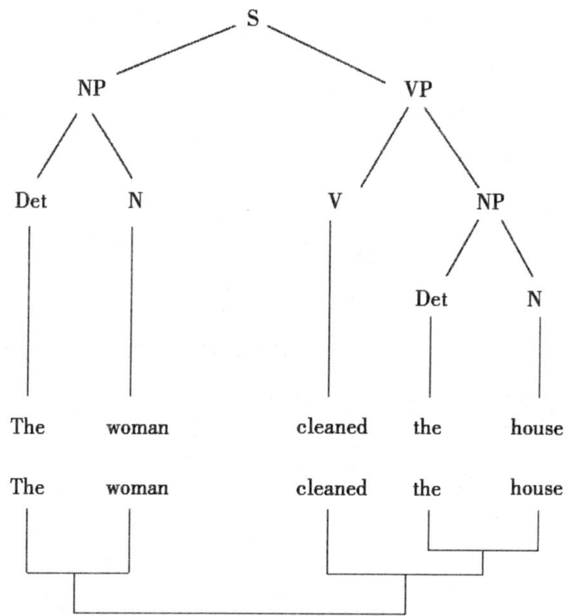

图 5-6　"The woman cleaned the house."树形图示例

（资料来源：胡壮麟，2007）

除树形图之外，还有一种括号法也可以用来进行结构分析。例如：

(((The)(woman))((cleaned)((the)(house))))

括号法简便快捷，但使用频率不高。

四、短语、分句与句子

（一）短语

短语指一个或者几个词语组合而成的单一结构，短语的结构特点介于句子和词语间，不存在主谓结构。短语由中心词和修饰词构成。

（二）分句

分句包括一个或者几个短句，具有主谓结构。由于分句的用法各不相同，所以把分句分成独立分句和非独立分句两种形式。具体分析如下。

第一种：独立分句。顾名思义，这种分句能够独立使用，由一个简单句构成。

第二种：非独立分句。这种分句不能够独立使用，它的出现必须有主句的存在，是主句的从属分句，简称为从句，从句包括名词性从句、状语从句以及定语从句等类别。

（三）句子

在传统意义上，句子是语言中可表达思想的最小语言单位。

（1）句子的结构分类。传统分法从结构上对句子进行二分，将句子分为简单句与非简单句，如图 5-7 所示。

（2）句子的语气分类。根据句子的功能，句子可分为陈述句与祈使句。二者均可以做进一步的划分，如图 5-8 所示。

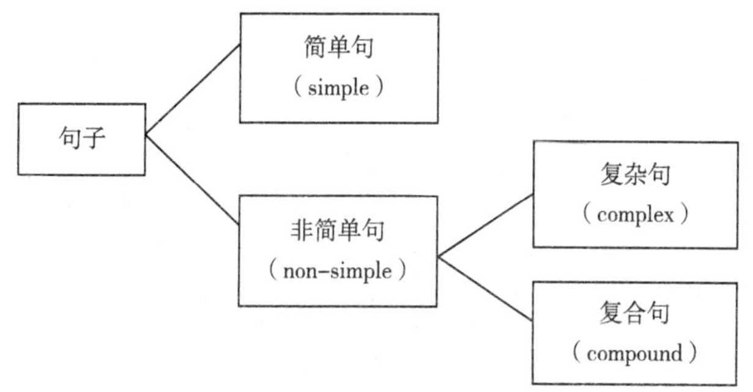

图 5-7　句子结构分类图

（资料来源：胡壮麟，2007）

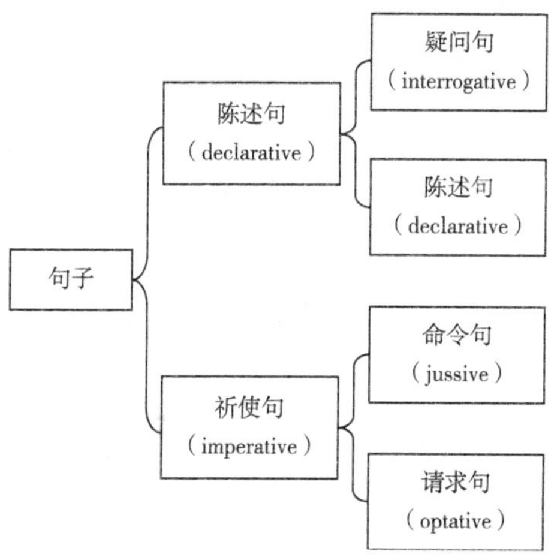

图 5-8　句子功能分类图

（资料来源：胡壮麟，2007）

第三节　句法学理论在大学英语教学中的应用

大学英语句法教学在大学英语教学中有着重要的作用与地位，其不仅可用于对大学生语言知识与技能的培养，还有助于他们交际能力的提升。本节就对句法学理论在大学英语教学中的应用进行简述。

一、大学英语句法教学的内容

在英语学习中,语法是最具系统性的学习内容。广义上的语法包括词法、句法和章法,从名词的单复数形式到动词的时态、语态,从情态动词到非谓语动词,从虚拟语气到各种从句,从强调、倒装到谋篇布局等都属于语法的范畴。因此,这些都属于英语语法教学的内容。

(一)词法

词法主要包括单词在句子中的位置、形式变化等。例如,名词的单复数形式、属格,动词的变位,形容词的比较级等。词汇教学侧重词语的意义及用法,而词法教学更多地侧重词语在句子中的变化以及由词语选择带来的句子结构变化。

词法分为构词法和词类。构词法主要讨论不同的词缀、词的转化、派生、合成等内容;词类则可以进一步分为静态词和动态词。静态词包括名词、形容词、代词、副词、冠词、介词、连词、感叹词等。静态词并不是绝对不变的,如名词有数、格、性等变化,形容词有比较级和最高级的变化等。动态词包括动词以及直接与动词相关的时态、语态助动词、情态动词、不定式、动名词、分词、虚拟语气等。

(二)句法

句法涉及语序(词序)、从句等,包括疑问句、肯定句、否定句、倒装句、强调句、宾语从句、表语从句、定语从句和状语从句。

句法可以分为三大部分,即句子成分、句子分类、标点符号。句子成分主要包括主语、谓语、宾语、定语、状语、表语、同位语、独立成分等。句子的分类,按句子的目的可以分为陈述句、疑问句、祈使句和感叹句;按句子的结构可以分为简单句、复合句和并列句。与句子有关的内容还包括主句、从句、省略句等。句法学习的内容还包括标点符号。此外,词组的分类、功能、不规则动词等也是句法的学习内容。

(三)章法

语法学习内容除了词法和句法这两个层次之外,还包括章法这一层次。章法主要涉及句子之间的逻辑关系、篇章的结构逻辑等。表示程序的词语,如 first, second, then, finally; 表示比较对照的词语,如 by comparison, by contrast, unlike... 等都属于章法的范畴。在判断下面两组句子的可接受程度时同样需要章法知识。

This is 2680239. We are not at home right now. Please leave a message after the beep.

Please leave a message after the beep. This is 2680239. We are not at home right now.

胡春洞认为,英语语法十分庞杂,很多学生在学习语法知识时常常容易顾此失彼,这也是学生在学习、使用语法的过程中遇到的最大困难。因此,语法教学必须有一个核心。整个语法教学的核心是整个语法知识和技巧发展的基点。从词法上看动词形态变化和从句法上看主谓基本结构就是英语语法的一个核心和基点。

胡春洞的这一观点主张首先抓住核心问题,然后围绕核心问题不断扩展。例如,首先以动词和谓语之间的天然关系为纽带,然后通过谓语拉动与动词相关的一系列动态词法内容,并逐渐扩展到主语、宾语、定语、状语、表语等句子成分与相对静态的名词、形容词、代词、副词、数词等词类的关系。

在众多的英语教材中,以 900 个句子为基本核心和基点的《英语 900 句》(*English 900*)可能是以句型结构为组织原则的教材中最具代表性的一套教材。这套教材的编者认为,从这 900 个基本句子中可能演化出其他所有的英语句子,这套教材要求学生掌握 900 个基本句子。霍恩比(Hornby)在其编写的 *Oxford Advanced Learner's Dictionary of Current English* (《牛津高阶英语词典》)中,将千变万化的英语归纳为51种句子结构,并进一步浓缩为25个动词句型,从而让英语语法教学的内容变得明晰起来。笔者认为,对于隐性英语语法教学来说,上述经典材料具有重要的参考价值。

二、大学英语句法教学改革的原则

在开展句法教学时,教师需要坚持一些基本的教学原则,这是指导教学实践的重要层面。

(一)形式、意义和语用统一原则

在英语句法学习中,一些学者主张应该让学生先接触语言形式,然后为学生解释句法规则,并通过一些真实的交际活动对句法规则进行运用。虽然语言教学对语言形式给予了很多关注,但是句法教学不仅要对形式有所关注,还应该学会在具体的交际场景中做到灵活运用,即不断培养学生的语用能力。在形式、意义与语用三者的关系中,形式是最基本的部分,意义是句法学习的关键,语用则是句法学习的目的。

(二)针对性原则

大学英语句法教学中的针对性原则就是要求教师在教学中要考虑学生的句法薄弱情况,对这些薄弱环节展开教学。由于大学生的学习能力、基础水平等存在明显的差异性,因此教师的教学要有针对性,从学生的基本情况出发进行教学。

(1)如果学生的句法基础好,那么就没必要按照讲解—操练等顺序展开,可以直接进行巩固性交互活动。

(2)如果学生的句法基础较差,那么教师应该清楚学生差的地方,对普遍性弱的环节展开重点教授,尤其是处理个别句法问题。

通过针对性教学，教师与学生才能真正地提升教学与学习效率。

（三）层次性和系统性统一原则

一个句法项目通常会将多个内容包含在内，如果要想将这些内容都全部了解，这几乎不可能，因此教师在授课时需要注意层次性，讲解的内容要从简单到复杂，从表面到深入，对句法教学的顺序进行合理安排。同时，英语句法教学还需要注意系统性，因为大部分教材对句法现象的安排都比较分散，如果教师看到什么讲什么，那么教授给学生的知识也都是分散的，学生很难形成系统性，也很难在以后的实践中恰当运用。因此，在句法教学中教师应该做到从点到面，以成系统。

（四）综合性原则

大学英语句法教学中要坚持综合性原则，即做到内容、方法与技能的综合运用，避免单一的情况，力求实现显性与隐性的结合、句法与五项技能的结合。在实际的教学中，教师应该遵循句法学习规律，将隐性教学作为主要层面，并结合显性教学形式，从而逐渐培养学生的语言运用能力与句法意识。另外，句法的学习是为听、说、读、写、译技能的提升服务的，因此在教学中也需要与五项技能相融合，让学生在五项技能培养活动中提升句法能力。

三、大学英语句法教学改革的方法

（一）情境教学法

当前，很多学生觉得语法教学非常枯燥，教师也很难活跃课堂气氛，调动学生学习的积极性。因此，为了能够激发学生的学习兴趣，教师可以采用情境教学法，为学生创设一种轻松的学习氛围，让他们能够从“要我学”变为“我要学”。

1. 创设游戏情境

游戏对于学生来说是非常有吸引力的,游戏对于过程体验是非常注重的,这符合人的认知情感。同时,游戏除了给学生带来乐趣,还能够促进学生情感的提升。

在英语语法课堂上,游戏情境的创设有助于学生在愉快的氛围中学到与接受语法知识,并且作为英语教学的辅助手段,游戏情境也必然受到学生的广泛欢迎,真正地实现玩与学的紧密贴合,促进学生发挥自身的主观能动性,在最短的时间内获得语法知识,提升自身的语法能力。例如,在教授 I like music that I can dance to 这一句型的时候,为了能够让学生清楚地对定语从句的用法有所把握,教师可以让学生组成小组,用定语从句描述 computer, iphone 等单词,然后让其他小组的同学去猜,哪一个小组猜出的多,哪一个小组获胜。在这样的小游戏中,学生不仅可以掌握定语从句的用法,还能够提升自身的交际能力。可见,游戏情境的创设对于学生兴趣的提升、英语素养的提高等都大有裨益。

2. 创设直观情境

随着科学技术的引入和发展,教师应用计算机进行教学已经非常常见,因为其便于交互。在英语语法教学的过程中,教师可以借助多媒体,利用多媒体将知识通过动画、声音等展现,这样有助于实现语法教学的"快节奏、多元素",让学生从这些直观的画面中对语法进行全面、系统的认知。

当然,虽然有计算机的辅助,但教师的备课也是必需的,教师需要投入大量的精力,为上课做准备。在利用多媒体为学生创建直观情境时,教师需要进行多个层面的设计,这样便于提高课堂教学的效率,也便于学生理解和接受。

例如,在讲授"过去完成时"的时候,教师可以利用多媒体为学生展示一幅动画:刚刚吃完饭的小李。之后,教师提出问题:小李的这一动作需要使用什么时态?显然,如果小李是现在吃完的饭,用现在完成时。如果小李是过去吃完的饭,就需要使用过去完成时。可见,直观的情境让学生更好地理解语法知识。

3. 创设对话情境

学生语法学习的最终目的在于运用,而对话情境的创设恰好符合这一点。首先,对话情境的创设有助于充实学生的学习资料,并引导学生付诸实践,在实践中领略语法知识。其次,对话情境的创设有助于学生之间的交流,从而提升他们对语法规则的感知能力。情境创设的越真实,学生语法学习得越容易。最后,对话情境的创设有助于满足学生的情感需要,能够为师生之间、生生之间创设一个自主交流的契机,拉近彼此的距离。

例如,在讲授“时间状语从句”时,教师可以以“生日”作为主题创设一个对话情境,让学生展开探讨,可以使用“When is your birthday ?”这样的形式来完成对话。学生在对话中可以逐渐掌握时间状语从句。

4. 创设生活情境

众所周知,兴趣是学生最好的老师。无论是初高中学生,还是大学的学生,都具备了一定的认知水平,能够对好坏进行评判。学生是否能够主动进行学习,主要取决于是否有趣。因此,教师为学生创设与他们日常有关的生活情境,有助于学生在生活中学到语法知识,体现到语法的现实价值。将现实生活与语法知识紧密结合,不仅可以对学生的实践能力加以强化,还有助于提升他们的语法水平。

例如,在教授“How much...”句型的时候,教师可以利用学生为其他人买礼物的情境,为学生创设生活情境,让学生扮演“导购员”与“购买者”的角色。在这一过程中,学生可以很快对相应的句型加以掌握。

(二)归纳与演绎法

归纳法遵循从具体到一般的过程,强调以学生为中心,主张引导学生自己发现语法规则。在归纳的过程中,学生必然要对语法的使用规则、条件与范围进行比较与分析,从而在不知不觉中提高思辨能力。

由于语法教学的抽象性特点,因而运用演绎教学法进行语法教学非常普遍和常见。这种教学法具体指的是运用一般的原理对个别性论断进行证明的方法。

第六章　语义学理论指导下的大学英语教学改革

作为语言学的一个分支，语义学注重研究某一特定语言的语义现象，并且对这些语义现象进行客观和准确的描述。语义是一个极为复杂的语言现象，语义学涉及的理论也非常广泛。本章会在阐述语义与语义学、语义学理论的基础上，探讨该理论在大学英语教学中的应用。

第一节　语义与语义学

一、语义

要研究语义学，首先应该了解什么是语义。然而，截至目前，学者们还没有对其形成统一的看法。实际上，语义主要涉及两个内容：一是词的意义，二是句子意义。21 世纪 60 年代之前，词的意义是学者们研究的重点，而句子的意义往往被忽视。词的意义一般就是从词典上可以查到的定义，然而，因为词典是由编纂者根据人们日常使用的不同的词编写而成的，所以词的意义往往是由词的使用者决定的，而不是由词典决定的。

人类使用的语言往往可以揭示我们生存的这个世界。古希腊著名哲学家柏拉图（Plato）指出，语言中的某个词属于语言的形式，而语言的语义则是其所代表、所指示、所表示的世界中的实体，即指称。简单地说，词就是事物的名称。例如，cat（猫）一词就代表了属于这一类动物的实体，这就相当于给事物命名。然而，世界上也有一些没有指称的词，如 dragon（龙），love（爱），Santa Claus（圣诞老人）等，但它们是有意义的。又如，在 1994 年，短语 the Prime Minister of Britain 和 the leader of the Conservative Party 的所指都是 John Major。尽管它们的指称相同，但意思却完全不同，the Prime Minister of Britain 不可以定义为 the leader of the Conservative Party，同样，the leader of the Conservative Party 也不可以定义为 the Prime Minister of Britain。

还有学者认为，词的意义就是大脑中的意象。例如，dragon（龙），love（爱），Santa Claus（圣诞老人）在世界上是没有实体存在的，但我们可以在头脑中构筑它们的意象。但是，有一些词的意象是难以在大脑中构筑起来的，如 nitrogen（氮），forget，if 等。需要指出的是，同一个词在不同的人的大脑中所构筑的意象是不同的。例如，lecture 一词，学生对其的意象可能是一个人站在黑板前讲话，而教师的意象则可能是一排排学生面对自己听讲以及粉笔拿在手中的感觉等。可见，教师和学生对 lecture 一词产生的意象完全不同。

近些年来，一些语言学家也开始注重对句子意义的研究。句子意义往往取决于组成句子的词汇单位的意义，但并不是这些词的意义的总和。例如：

（1）The goose chased the duck.

（2）The duck chased the goose.

尽管以上两个句子中包含的词一模一样，但因为词的位置有所不同，所以意思也有很大不同。可见，词在句子中的位置决定着一个句子的语义，这种因为词在句子中的顺序变动所产生的意义就是“语法意义”。

另外，影响句子意义的另一个因素在于词的组成成分结构。例如：

There are young women and men.

例中的短语存在歧义，其包含两层意思：一是 young 仅修饰

women，即：

There are (young women) and men.

另一层意思为 young 修饰组成成分 women and men，即：

There are young (women and men).

又如：

The mother of the boy and the girl will arrive soon.

可能有两层意思：

(1) The (mother of the boy) and girl will arrive soon.

(2) The (mother of the boy and girl) will arrive soon.

二、语义学

语义学是指对语言意义进行研究的学科，具体涉及语义的内涵、特征、类型、语义关系、语义形成等内容。

实际上，早在几千年前，人们就开始了对语言意义的研究，但将语义学作为一门独立的学科则是在几十年前。在20世纪以前，语义学属于传统语言学的一部分，并非独立的学科，涉及的内容更像是词汇学的范畴，如词汇的意义等。进入结构主义时期，语义仍然没有引起学者们的重视。到20世纪50年代，由于义素分析以及语义场理论得以形成，因此语义学开始分离出来，成为一门独立的学科。如今，语义学成了现代语言学中与词汇学、语用学等地位平行的学科。

总之，语义学不仅是语言学分化出来的一门学科，而且是逻辑学、心理学、符号学等其他学科的研究话题。可以说，这些语言学分支出来的学科对语义学理论的发展具有重要意义。因此，语义学研究已经成了一门跨学科的研究。

第二节　语义学理论概述

一、语义场

相互关联的某些事物、现象可能或者必然聚集在同一个“场”内,所以词汇学借助物理中的“场”(field)的概念对事物、现象之间的相互关系展开了探讨。

“语义场是由语义系统中的一组具有一定共同语义特征的语义单位组成的聚合体。”其可能是同一位置上可以相互替换的词语的集合,还可能是同一话题下的性质相近的词语。例如,rose, lily, carnation, lilac, tulip, violet 等构成了语义场 flower(花); grandfather, grandmother, grandson, granddaughter, father, mother, son, daughter, uncle, aunt, cousin, nephew, brother, sister, son-in-law, daughter-in-law, brother-in-law, sister-in-law 等构成了语义场 kinship(亲属关系)。再如,在 wild animal(野生动物)这一语义场下,可以列出 tiger, lion, fox, panda, monkey, wolf, elephant, snake 等词;而在 domestic animal(家畜)的语义场下可以列出 dog, cat, pig, chicken, duck, goose, sheep, cow, horse 等词。只有将 wild animal 和 domestic animal 合在一起还能构成 animal 这一语义场。

语义场可以大致分为三种类型:顺序语义场、分类语义场和关系义场。

所谓顺序语义场,是指某一语义场中的语言单位在时间、空间内按照一定顺序排列,或者语言单位的语义按照一定规律递增或递减。例如:

Sunday—Monday—Tuesday—Wednesday—Thursday—Friday—Saturday(星期日—星期一—星期二—星期三—星期四—星期五—星期六)

spring—summer—autumn—winter（春天—夏天—秋天—冬天）

primary school—middle school—university（小学—中学—大学）

分类义场通常表示同一类的现象、行为、状态、性质等。例如，行为语义场之下包含：吃（eat）、打（hit）、玩（play）、欺骗（cheat）、拉（pull）、哭（cry）、学习（study）等；物质形态语义场之下包含：固态（solid）、液态（liquid）、气态（gas）等。

因为不同语义单位之间在逻辑、心理、文化、价值等方面存在一定关系，所以出现了关系义场。显然，关系义场中的词语之间存在相互依存的关系，所以我们往往能借助词语之间的关系由一方来推知另一方。

具体而言，关系义场主要包括两种：同义义场（synonymy）和反义义场（antonymy）。其中，同义义场包含方言同义（dialectal synonyms）、文体同义（stylistic synonyms）、搭配同义（collocational synonyms）、语义上有差异的同义（semantically different synonyms）等种类；而反义义场则包括分级反义（gradable antonyms）、互补反义（complementary antonyms）和关系反义（relational antonyms）等。

二、语义关系

（一）词汇意义

因为不同词汇之间的意义存在一定联系，所以词汇的语义关系非常复杂，而且形式多样。对语义关系进行研究可以深化对词汇的研究和理解，同时对词汇习得、交际过程中词义的把握甚至在交际过程中的信息获取都非常有帮助。这里简单介绍几种常见的词义关系。

1. 一词多义和同形异义

简单来说，两个意义相同的词就是同义词。反过来，两个或两个以上意义不同但词形相同的词就是一词多义。例如，flight是一个多义词，共有六个意思：passing through the air, distance covered by a flying object, air journey, unit of the Royal Air Force, a group of birds or aircraft flying together, swift passing, a set of stairs。

多义词的不同意义之间是有一定联系的，其中有一个意义为原始意义，其他意义是派生意义；或者其中一个意义为中心意义，其他意义是次要意义；或者其中一个意义为字面意义，其他意义是比喻意义。

例如，cool 的字母意思是“凉的”，主要用于比喻“不友好的”“不热情的”。

一些词形式相同，但意义不同，这种现象就属于同形异义，这种词就是同形异义词。例如，bank 包含两个意思，并且两个意思之间没有任何联系。一个意思为“河岸”，另一个意思为“银行”。此时，代表不同意思的 bank 就属于同形异义词。

词的意义之间是否存在联系可以区分同形异义词与多义现象。如果没有联系，就属于同形异义现象；如果有联系，就属于一词多义。

同形异义词主要包括同形同音异义词、同音异形异义词和同形异音异义词三种类型。其中，拼写与发音相同，但意义不同，这种词称为完全同形异义词。例如，ear 既有“耳朵”的意思，又有“穗”的意思。发音相同但拼写与意义不同，这种词称为同音异形异义词。例如，meet（遇见）—meat（肉），sow（播种）—sew（缝纫）等。拼写相同，但发音和意义不同，这种词就是同形异音异义词，如 tear/tɪə/（眼泪）和 tear/teə/（撕开）。

2. 同义关系

意义相同或相似的词就是同义词。如果将这些有着相同或者相近意义词放在一块就会构成同义关系。英语中包含大量的同义词。需要特别指出的是，英语中将本族语与外来语混用的同义词非常多,具体包括如下几种情况。

(1)结成一对的同义词,如表 6-1 所示。

表 6-1 结成一对的同义词示例

本族语	外来语
bodily	corporal
answer	reply
friendly	amicable
word	universe

(资料来源:戴炜栋,束定芳,周雪林,2001)

(2)三词一组的同义词,如表 6-2 所示。

表 6-2 三词一组的同义词示例

盎格鲁 - 撒克逊	法语	拉丁语
time	age	epoch
ask	question	interrogate
fast	firm	secure

(资料来源:戴炜栋,束定芳,周雪林,2001)

(3)英国英语和美国英语构成的同义词,如表 6-3 所示。

表 6-3 英国英语与美国英语构成的同义词示例

英国英语	美国英语
lift	elevator
petrol	gasoline
coach	bus
suspenders	garters

(资料来源:戴炜栋,束定芳,周雪林,2001)

同义词也能根据词义的相同程度分为完全同义词和部分同义词两种。顾名思义,完全同义词即意义完全相同的词,这类词的含义与用法完全相同,在不同语境中可以互换使用。然而,这类词的数量极为有限,主要是专业术语和名词,如 word building 和 word formation 的意义相同,均表示"构词法"。但是,完全同义词在使用过程中会受人们使用习惯等因素的影响,所使用的场合也在不断变化。

部分同义词就是通常意义上的同义词。虽然部分同义词的意思相近，但用法和搭配方式具有较大差异。首先，部分同义词之间在语义上存在细微的差别。尽管部分同义词之间的意思极为相近，但仍然存在细微差别。例如，to surprise—to astonish—to amaze—to astound（吃惊），都表示“吃惊”，但吃惊的程度是逐步递增的。其次，部分同义词之间还存在感情色彩上的差异。按照感情色彩，部分同义词又分为贬义词、褒义词和中性词。例如，notorious，famous，celebrated 三个部分同义词中的 notorious 为贬义词，famous 为中性词，而 celebrated 有褒奖的色彩。再次，部分同义词之间在文体上存在差异。例如，die 和 decease 都有“死”的意思，但是 decease 的使用场合比 die 正式一些。接着，部分同义词之间的侧重点各不相同。例如，denote 和 connote 均有“意指”的意思，但是 denote 侧重事物的表面是可以直接获取的信息，connote 则侧重事物暗示的某些信息。最后，部分同义词之间存在语境差异。一些意思相近或意义部分重叠的词语，只在某些特定的语境中才表示同义关系。例如，govern 的语境同义词有 direct，control，determine，tame 等。

3. 反义关系

反义关系即英语中语义相反的词语之间的关系。意义对立或相对的词就是反义词，具有反义关系的词可以表示关系、方向、性质、情感以及有取向性的动作等意义。有反义关系的词通常都是一些比较常见的词类，如形容词、名词、副词、介词以及一小部分代词。可见，不是所有词类中都有反义词。确切地说，除了介词以外的虚词都比较少有反义词。例如：

casual（非正式的）—formal（正规的）
optimistic（乐观的）—pessimistic（悲观的）
friendly（友好的）—unfriendly（不友好的）
lazy（懒惰的）—hard-working（勤勉的）

thick（厚的）—thin（薄的）

反义关系可以根据词义含义的不同分为三种词：互补反义词、相对反义词和可分级反义词。其中，互补反义词中的两个词是一种非此即彼的关系，没有中间状态，肯定一方就等于否定了另一方，如 man—woman。相对反义词中两个词之间是一种对称关系，一个词是另一个词的反向意义，这一对反义词是对同一事物两个方面的不同描述，如 precede—follow。可分级反义词多是一些容易发生变化的形容词。

4. 上下义关系

上下义关系"包含关系"或"语义内包"，即上义词与下义词之间的关系。上下义关系中包含支配词和受支配词，其中支配词就是语义较为宽泛的词，而受支配词则是语义范围较小的词。借助图 6-1 可以理解英语词汇的上下义关系。

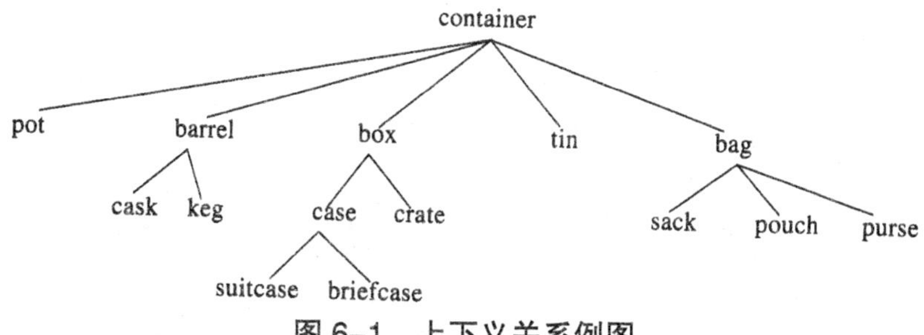

图 6-1 上下义关系例图

（资料来源：陆国强，1999）

在图 6-1 中，container 为上义词，pot，barrel，box，tin，bag 则为下义词。另外，一些下义词还包含自己的下义词。

（二）句子之间的语义关系

句子之间的语义关系主要有如下几种。

1. 蕴含关系

所谓句子的蕴含关系，是指句子命题之间的语义关系。在句子的蕴含关系中，如果 A 句为真，那么 B 句必然为真，此时就可以说句子A蕴含句子B。例如：

A. The anarchist assassinated the emperor.

无政府主义者暗杀了皇帝。

B. The emperor died.

皇帝死了。

在该组例句中，A句蕴含B句。虽然两个句子的内容不同，但是其表达的含义是相同的。

2. 预设关系

所谓句子的预设关系，是指句子之间的语用关系。预设关系存在同一个时间层面。如果A句为真，那么B句必然为真，此时就可以说A句预设B句。例如：

A. I don't regret leaving New York.

我不后悔离开纽约。

B. I do regret leaving New York.

我确实后悔离开了纽约。

C. I left New York.

我离开了纽约。

在该组例句中，A句和B句均预设了C句。因为A句和B句都表示“已经离开了纽约”。

预设和蕴含一样，既有词汇层面上的预设关系又有句子层面的预设关系，我们将引发预设的因素称为“预设诱发因素”(presupposition trigger)。

3. 同义关系

所谓句子语义的同义关系，是指两个句子表达的含义相同。例如：

A. My brother is a bachelor.

我的兄弟是个单身汉。

B. My brother has never married.

我的兄弟从来未结过婚。

4. 反义关系

所谓句子语义的反义关系，是指句子之间表达的含义是相反的，两个句子之间意义相反。例如：

A. My sister has just come from America.

我妹妹刚从美国回来。

B. My sister has never been to America.

我妹妹从未去过美国。

5. 自相矛盾关系

所谓句子的自相矛盾关系，是指句子本身内容之间存在冲突，其意义不成立。例如：

He is a murder but he is never killed anyone.

他是一个谋杀者，但是他从来没有杀过任何一个人。

第三节　语义学理论在大学英语教学中的应用

一、语义成分分析理论在大学英语教学中的应用

在大学英语教学中，要想更好地解释词义和区别同义词就应该引用语义成分分析理论。一个词的意义往往是由不同语义成分构成的，如果将一个词的词义成分开列出来，将可以帮助学生全面掌握这个词所代表事物的特点，进而准确地理解词的内涵。例如，stalk，strut，plod 和 limp 都有“走”（walk）的意义，但如果对其进行语义成分分析，就可以发现它们有如下不同。

stalk：to walk stiffly，proudly，or with long steps；

strut：to walk in a proud strong way，especially with the chest out and trying to look important；

plod：to walk slowly along（a road），especially with difficulty and great effort；

limp: to walk with an uneven step, one foot or leg moving less than the other.

运用语义成分分析理论还可以解释修辞格。例如,在讲授拟人修辞格时,教师就可以运用语义成分分析这一理论进行说明。Personification 是指在一个词语中加入 [human] 这一语义成分,使其“人格化”。例如:

The center of the ring yawned emptily.

圆圈当中打哈欠,空心的。

Words strain, crack and sometimes break, under the burden, ... will not stay in place, will not stay still.

词语在重负下绷紧,爆响,偶尔断裂,不再坚守岗位,不再原地不动。

另外,语义成分分析理论也利于提高学生对两种语言对译的能力。例如,在翻译“臭名远扬的”时,就要选 notorious 这个词,因为其有贬义色彩,意思为 widely but unfavorably known,而不应选 famous。

二、语义关系在大学英语教学中的应用

在大学英语教学中,教师还可以利用语义关系向学生传授英语知识。这样不但能帮助学生明确区分词汇意义,加深学生的印象,而且能扩大学生的词汇量。语义关系包含多种类型,下面仅对同义关系、反义关系和上下义关系在英语教学中的应用进行探究。

(一)同义关系在大学英语教学中的应用

在英语教学中,教师可以运用同义关系帮助学生理解和学习新单词,指通过已学过的比较简单的单词教授新的比较难的单词,如 fantasy—dream, prohibit—ban, flair—talent 等。

此外,教师也可以运用同义句转换教授词汇,即要求学生在

较短的时间里,用最接近的词语替换原句中的词语,表达最相近的意思。运用这种教学方法,不但可以测试学生的理解能力,培养他们的语感和悟性,而且可以提高学生的语言表达能力,激发他们的学习积极性。

教师也可以借助语义理论让学生明白,尽管英语中有很多同义词,但是完全相同的同义关系非常少。很多同义词存在意义、语体、情感、语境等方面的差异。例如,“老子曰:胜人者有力,自胜者强。”的译文是:“He who conquers others has force; he who conquers himself has strength.”虽然译文中的force和strength是同义词,均表示力量,但也存在细微差别。force通常表示外部力量,而strength则表示内部力量。在该原句中,第一个“胜”指的是战胜别人的力量,表示外部的力量,所以用force;第二个“胜”指的是战胜自己的力量,所以用strength。

(二)反义关系在大学英语教学中的应用

反义关系是一种对立关系,其包括:等级反义关系,如good—bad, big—small, long—short;互补反义关系,如male—female, alive—dead, innocent—guilty;方向反义关系,如sell—bur, lend—borrow, parent—child。在英语教学中,教师可以引入反义关系讲解词汇知识,让学生清楚地理解单词意思。

尽管教师习惯用近义词解释词义,但有些单词用反义词来讲解更容易被理解。例如,rude一词的意思是“粗鲁的、无礼的、狂躁的”。在讲解这一单词时,要找到一个近义词去形容它就很难,但用反义词polite来解释就容易多了,学生可以很容易就理解其意思,并且深深地记住。

(三)上下义关系在大学英语教学中的应用

上下义关系就是意义的内包关系,如desk的意义内包在furniture的意义中。对此,教师可以根据上下义关系开展英语词汇教学。例如,在讲解 subject 一词时,教师可以引申出其下义词 mathematics, physics, chemistry, geology, biology, geography 等。学生通过梳理词与词的上下义关系,掌握新学单词,巩固学过的单词,提高词汇学习的效率。

此外,借助语义关系开展英语词汇教学除了可以帮助学生理解和掌握单词,还能帮助他们更好地理解长句子,培养其逻辑思维能力。例如:

People who were born just before World War I remember waving at automobiles as they passed. Seeing a car was like watching a parade—exciting and out of the ordinary.

当读完这段文字后,可能有些学生不清楚 automobile 的意思,但通过分析语义关系就可以很容易判断出该词与 car 有联系,从而帮助学生理解该词的意思。

三、并置理论在大学英语教学中的应用

在英语语言中,并置又指"搭配",其指词与词之间的一种横组合关系。并置理论主要研究的是特定的词与哪些词有结伴关系。英国著名语言学家弗斯指出,英语中某些词之间有着特定的搭配关系,它们可能会一块以结伴形式出现。例如, father 一词会经常与 shave, mother, son, daughter 等词出现在同一个句子中。①

由并置理论可知,语言的运用是约定俗成的,我们应遵守语言的习惯用法。如果中国学生仅按照汉语习惯而不考虑英语习惯,表达的句子可能是违反英语习惯用法的误句。② 例如:

(1) The old man's body is very healthy.

(2) Tom yesterday in the street saw his old friend.

因此,语义学中的并置理论可以运用于大学英语教学中,教师可以在教学中运用单词—词组—句子的教学方式,将单词与其

① 陈晓华 . 语义学与英语教学实践 [J]. 淮阴师专学报, 1994, (2): 62.
② 徐俊林, 白臻贤 . 语义学与英语教学 [J]. 发明与创新, 2003, (6): 26-27.

常见搭配用法一起教授给学生。在教授英语单词时，如果教师一味地孤立授单词，会让学生难以理解，甚至使用错误。因此，教师最好将单词引入词组和句子中进行教学。例如，在讲解 come 一词时，教师可以先引入一些与该词有关的词组，如 come about（发生、产生），come across（偶遇），come along（出现）等，然后引导学生造句：

How did this come about?

I came across Lily, who is one of my old classmates.

When little holes come along, that's rain coming through.

这样学生不但可以理解 come 的基本意思，了解与之有关的词组，而且在造句过程中学会了运用。将单词、词组、句子相结合开展大学英语教学的方式，除了可以加深学生的印象，防止记忆混乱，还能让他们掌握词义，从而自如地使用单词。

随着我国改革开放的不断深入，社会对 21 世纪人才的英语水平的要求越来越高。当前，我国高校强调对学生进行英语综合能力的培养，以适应我国社会和经济发展的需要。高校面临着巨大的挑战。传统的将英语教学称为单方面的知识传授的观点，早已不符合时代的要求，也违背了语言教学的规律。综合能力的培养旨在使学生在接触语言材料的习得过程中了解语言的整个系统，并且可以准确、生动地运用整个系统进行交际。因此，必须将理论与实践相结合。

第七章　语用学理论指导下的大学英语教学改革

在语言学研究中，语用学是一项重要的分支，其主要是对某一语言的运用与理解情况展开分析，从而实现恰当的语言交流。大学英语教学的目的在于提升学生的语言应用能力，使学生能够恰当运用这些理论进行交际。就这一意义而言，语用学与大学英语教学在研究目标层面是存在一致性的。因此，利用语用学的相关理论对大学英语教学改革进行指导是非常有必要的。本章就对这一相关问题展开分析和探讨。

第一节　语用学的定义

语用学是一门系统性学科，是语言学的一个重要分支，其主要是对语言的运用与理解展开分析。为了能够更好地将语用学理论在大学英语教学中运用，就必然需要了解什么是语用学。本节就对语用及语用学的定义展开探讨。

一、语用

语言使用的目的在于交际，是传达思想、交流情感的手段。因此，人们在运用语言时会选择适合的语境、采用不同的语言手段，传达自身所要表达的内容，并保持人际关系。

需要指出的是，要想保证交际的顺利展开，仅依靠基本的词汇、语法是远远不够的，还需要掌握一些非语言知识，如百科、文化背景等。另外，发话者还需要在交际的过程中不断合理调整语言形式与策略。可见，语言交际是一门学问，并且基本的能力与恰当的策略对于交际的展开是不可或缺的。

在日常交际中，一些信息可以直接被理解，一些信息却隐含语言之下。例如：

Teacher：what's the time?

Student：My bike was broken.

上例是教师与学生之间的对话，教师非常生气学生迟到了，学生并没有给予直接的回答，而是说"车子坏了"，言外之意就是说"因为车子坏了，所以才迟到的。"其实这样的回答已经提供了教师相关的信息，看似答非所问，但是教师转念一想就可以明白。

在交际过程中，语境条件是影响交际的重要因素，能够体现出交际者的能力。在日常交际中，一些话语看似不相关的或者关联性较差，但是从语用学角度分析是可行的。例如：

Husband：How about?

Wife：The data has been token away.

通过分析可知，上例中妻子和丈夫有着共知的信息，因此丈夫通过两个词就可以让妻子理解。对于外人来说"How about？"仿佛句子没有说完，也不可能理解，但是对于拥有共知信息的妻子来说，是非常容易的，因此在说话时丈夫省略了后面的内容。

很多时候，尤其是与陌生人展开交际时，语境信息往往表现为客观的环境。这时，交际方需要根据推理来理解。例如：

Passengers：I want to check my luggage.

Flight attendant：The luggage office is in the west side of the second floor.

表面上看，上例中旅客是向服务员描述一种信息，但仔细分析，旅客是在向服务员寻求帮助，询问行李处的具体位置，服务员推测出旅客所要表达的意思，给予了旅客具体的位置，使得交际顺利达成。

另外，在日常交际中，很多话语并不是为了传达信息，而仅仅是为了维护人际关系。从语义的角度分析，这些话可能是无意义的，但是从人际交往的角度来说，这些话也是必不可少的。例如：

A: It's fine today, isn't it?

B: Yeah, really fine.

上例是英美人的一种常见的寒暄方式，类似于中国人所说的"吃了吗？"表面上看，两人是在谈论天气，实际上他们并不关心天气，而只是作为交际的开场白而已，因此这样的话并没有什么信息量，但是这样的开启方式有助于搞好人际关系。

总之，上述这些例子在日常生活中十分常见，这些都是语用的范畴，并且类似的现象也都不是无缘无故产生的，其与特定的语境有着密切的关系。

二、语用学

对于什么是语用学，不同学者对语用学有着不同的认识，这里仅列举一些有代表性的学者及观点。

语用学是语言学的一个分支学科，因此其与语言学的其他学科有着密切的关系。著名学者格林（Green，1996）认为，语用学是包含语言学、文化学、人类学、心理学、社会学等在内的一门交叉学科。因此，要想知道什么是语用学，必然需要从不同角度入手分析。

这里再列举一些莱文森（Levinson）提出的有代表性的定义，以便帮助读者从中总结语用学关注的普遍问题及其涉及的普遍因素，进而加深人们对语用学的理解和认识。

（1）语用学探究语言结构中被语法化或被编码的语言与语境之间的具体关系。

（2）语用学对语义学理论进行研究，但其中不包含意义层面。

（3）语用学研究语言理解中必需的语言与语境之间的关系。

（4）语用学对语言使用者能否将语句与语境相结合的能力

进行探究。

托马斯指出，语用学研究一方面要考虑发话者，另一方面要考虑听话者，还应考虑话语的作用与影响意义的其他语境因素。简单地说，语用学的研究对象是发话者与听话者之间、话语与语境之间的互动关系。

布莱克莫尔等人（Blakemore et al.，1992）从话语理解的角度对语用学进行界定，认为听话者的语言知识与世界百科知识之间是存在差异性的，这种差异包含了语义学与语用学的差异。

事实上，在什么条件下，发话者会对具有特定意义的某个话语或结果进行分析与选择；在什么条件下，听话者会运用某种技巧或方式对意义进行理解，为何会选择这一方式。对于这些问题的分析，都属于语用学的范畴。

第二节　语用学理论概述

近些年，语用学的研究在不断深入，并且探讨的范围在不断扩大，因此形成了很多语用学的相关理论，主要包含宏观语用学与微观语用学。这里就对这两种语用学所包含的层面进行探讨。

一、宏观语用学理论

宏观语用学是语用学研究过程中一个重要流派，其研究包含很多与语言运用、语言理解相关的内容。宏观语用学除了研究语言使用语境等内容外，还拓展了非常前卫的视野。从宏观角度来说，语用学翻译研究已经向对比、词汇、语篇、修辞、文学、认知、社会等多个层面拓展。

（一）对比语用学理论

语言之间的比较有着渊源的历史，自从语言研究诞生以来，语言之间的比较就已经存在了。通过对两种语言进行对比研究，才能揭示出不同语言在功能、形式、结果等层面的差异性。

随着对比语言学与语用学研究的深入，产生了对比语用学，其研究始于20世纪七八十年代，其研究方法为对比语言学注入了新的活力。在语言学中，对比分析往往侧重语法层面，两种语言可以进行比较，而在其使用上也可以进行比较，这种使用上的比较即为“对比语用学”。

著名学者陈治安、文旭（1999）指出，语用对比的内容包含如下几点。①

（1）英汉对比语用学的基础理论。

（2）在英汉两种语言中，语用原则运用的对比情况。

（3）在英汉两种语言中，社交用语的对比情况。

（4）在英汉两种语言中，语用环境与语用前提的对比情况。

（5）言语行为的跨文化对比研究。

（6）语用移情的对比差异及在各个领域的具体运用。

（7）英汉思维、文化、翻译中语用策略的运用。

事实上，对比语用学丰富和拓展了跨文化语用学，可以说是跨文化语用学的延伸，其比传统语言学的对比分析更为系统全面。

（二）词汇语用学理论

词汇语用学，顾名思义就是将词汇意义作为研究对象，在词汇中融入语用机制、语境知识等，对词汇意义在使用过程中的机制与规律展开分析和探究。

在国外的语言学研究中，词汇语用学是非常重要的领域，其主要侧重于研究语言运用中的不确定词汇意义的处理问题。其研究的范围也非常广泛。

著名学者陈新仁、冉永平等人认为，在一些固定的语境中，本

① 陈治安，文旭．关于英汉对比语用学的几点思考[J]．外语与外语教学，1999，(11)：5-8.

身明确的词汇意义却由于发话者表达意图的改变而不断进行改变，因此在话语理解时需要进行词汇信息的语用处理与调整，最终确定语用信息。

人们在探究词汇意义时，发现词汇不仅有本身意义的存在，还会涉及多种语用条件因素，它们给予词汇更深层次的意义，这就是所谓的语用意义。这些意义与本身意义存在明显的区别，并且只有置于一定的语境中，人们才能理解这些深层的语用意义。

冉永平（2005）认为，在交际中，很多词汇及词汇结构传递的信息往往不是其字面意义，往往与其原型意义有别。[①] 在语言运用中，人们往往会创造与合成新词，或者直接借用其他语言中的词汇。在这一情况下，要想理解话语，首先就必须借用具体的语境，从而获取该词汇的意义。例如，英语中 operation 本身含义为“劳作”，但是在工业机械中，其意义为“运转”，在医学中，其意义为“手术”，在军队活动中，其意义为“战役”。

另外，对语用信息的加工有两个过程：一是语用充实，二是语用收缩。语言的变异就是基于一定的语境来理解语用充实与收缩。词义的延伸与词义的收缩都可以看成不同的语用认知推理过程，是人们基于一定的语境对具体词义进行的扩充与收缩加工，从而明确词汇的含义。这为词汇的翻译提供了重要依据。

（三）语篇语用学理论

语篇语用学是基于语言类型学、语篇语言学等发展起来的。随着语篇语言学的发展，人们对语言的研究跳出了传统语义学、语法学的研究，而是将重心转向语篇层面的研究。

语篇语言学有着悠久的历史，甚至可以追溯到古典修辞学与文体学研究时期，其不仅对语篇内部所涉及的语言现象进行研究，还对语篇外部的语言现象加以研究，如语言运用的场景条件等，这就使得语篇成为语用学研究的对象。

① 冉永平．词汇语用学及语用充实[J]．外语教学与研究，2005，（5）：343-350.

20世纪70年代初期，一些语用学家将注意力放在语篇的交际功能上，并将语用要素置于语篇描写中，提出语篇描写的目标应该是语用。之后，“语篇语用学”这一术语诞生。

随着语篇语用学的不断发展，言语行为理论、会话分析理论等都对其产生了巨大的作用，尤其是言语行为理论。这是因为言语行为理论指明语言是用来实施行为的，这为语篇分析提供了重要依据，因此对语篇语用学影响深远。

著名学者布朗等人(Brown et al.)从语用的角度出发来分析语篇，他们指出语篇分析包含对句法与语义的分析，语篇不是一种产品，而是过程，是对交际行为展开的言语记录形式。

此外，语篇语用学还将研究的重心置于特定语境下的话语意义上，以及在特定语境下，这些话语意义产生的效果，并分析语言的结构与功能、语篇与交际。

(四)修辞语用学理论

随着语言学的深入研究，修辞学也转向跨学科研究，而基于修辞学与语用学两大学科，修辞语用学诞生。就学科渊源上来讲，修辞学与语用学的结合源自古希腊时期，学者亚里士多德提出了修辞语用模式。

在亚里士多德看来，每个句子都有存在的意义，但是并不是所有的句子都是陈述型的，只有能够对真假加以判定的句子才属于陈述型句子。

在修辞领域，有两种修辞翻译观使人们重视和研究，具体分析如下。

第一种认为修辞学是对文字进行修饰与润色的手段，目的在于划分与使用修辞格。这类观点得到了西方学者的重视，并在中世纪以来占据重要的地位。但是，其也导致了明显的不良后果，即使得传统修辞学走向没落。

第二种认为修辞学是对语言展开艺术性选择的一种手段，其侧重于研究词汇与文体、句子与文体等的关系。这一观点在20

世纪六七十年代在我国受到了重视和发展，我国著名的学者王希杰、吕叔湘等都推崇这一观点，并在其研究中效果显著。

将修辞学与语用学相结合恰好是第二种观点的体现。另外，这二者的结合还与哲学有着密切的关系，随着二者不断的交融，修辞学与语用学逐渐形成了一些相通之处。

（1）修辞学与语用学都将言语交际视作重要的研究内容，即研究方向、研究客体是一致的。具体来说，二者都研究语言在言语交际中的运用情况，并分析为了实现交际，两门学科应该采取怎样的具体策略。

（2）修辞学与语用学在探讨研究对象时，都会将语境囊括进去，即将语境融入二者的研究对象中，以此分析言语交际中出现的具体问题。

当然，除了相通之处，修辞学与语用学也有各自的特点。

（1）修辞学主要研究语言的综合运用情况。

（2）语用学强调语言的具体使用情况，并且对语言使用进行分析和探究时必定会涉及修辞。

总而言之，修辞学与语用学这两门学科有着相辅相成的关系，二者相互促进、相互借鉴，从而获取更大的研究成果。

（五）文学语用学理论

随着文学与语用学两门学科的不断发展，文学语用学诞生，其是文学与语用学二者的结合。对于“文学语用学”这一术语，最早是由曹格特和帕拉特（Traugott & Pratt）于1980年提出的。1987年，芬兰科学园设立了“文学语用学”研究基地，并专门召开以文学语用学为主题的研讨会，至此文学语用学真正地进入人们的视野，很多学者对其进行了研究，并出版了很多相关的著作与论文。至今，文学语用学的研究仍在继续，并且在不断深入与拓展。

(六)认知语用学理论

从诞生之日起,认知语用学就被视作认知科学的一项重要组成部分。要想了解认知语用学,这里首先来分析认知语言学。

认知语言学这一术语首先出现在1971年,其被认作对大脑中语言机制加以研究的学科。目前所提出的认知语言学指的是20世纪七八十年代的认知语言学,是一个新兴的语言学流派。

认知语用学是在认知语言学的基础上诞生的,出现于20世纪80年代中期,是一个新兴的边缘学科。1986年,以“语言使用的认知”为主题的研讨会在以色列召开,并吸引了很多学者的参与,并且提出了从认知语用的角度对语言的使用问题加以研究。自此,认知语用学进入大众的视野。

那么,如何定义认知语用学呢?目前,对于认知语用学的定义还不统一,但是人们也不能否认其存在。例如,言语行为、指示语等语用现象的交际意义超越了语言的编码信息,这就是通过认知心理而产生的意义,这样的信息处理过程其实本身也属于认知过程。因此,有学者将认知语用学定义为:一门超符号学,即研究符号与交际意图在历时过程中逐渐固定化的关系。对于这样的定义,自然有其道理,但是这样的概括在其他学者看来又过于简单,并且对于认知语用学的本质也并未触及。之后,格赖斯、斯珀伯、威尔逊等人也指出,语用学存在认知基础,并且对超句子信息的处理与研究意义重大。

在方法论、研究目的等层面,认知语用学也具有心理语言学的特点,尤其对于交际双方如何进行语言生成与理解给予了特别关注。认知科学是对感知、注意力、语言等认知现象的交叉研究,强调对信息的组织、处理与传递等的研究。认知语言学建立在体验哲学观的基础上,因此其包含的认知语用学也具有一定的哲学基础,即认知的无意识性、心智的体验性与思维的隐喻性。

另外,认知语用学近些年的研究成果也体现出语言运用是由交际双方的相互假设与推理、特定语境的了解程度、关于语言运用的认知语境假设等决定的。不管是言语现象，还是非言语现象等的运用，都是非常重要的认知现象。例如，关联论就是一种交际与话语理解的认知理论，其将理解视作需要推导的心理学问题，并受到单一认知原则的制约。在西方语用学者眼中，关联论是认知语用学的基本理论框架，并且为认知语用学的进步带来了生机。

（七）社会语用学理论

20 世纪上半叶，语言本体是语言学研究的主要对象，但是其忽视了语言运用与语言理论运用的研究。随着社会语言学、心理语言学、语用学等学科的逐渐兴起，语言学开始研究言语规律、言语机制。社会语用学就是在这样的背景下诞生的，其融入了语用学、社会语言学、修辞学等成果，对言语规律、语言运用加以关注，并采用社会学、语用学的理论与社会实际，对语言现象加以研究。社会语用学揭示出社会因素对言语过程的影响，其范围也非常广泛，涉及人际交往、新闻传播、社会命名等。

社会语用学的基本出发点在于将语言视作一种社会现象，而语言的根本属性之一就是社会性，语言随着社会的发展而产生与发展，并随着社会生活的改变而不断演变。

社会语用学对社会情景变体非常注重。学者利奇将语用语言学与社会语言学做了区分。语用语言学主要强调某一语言所提供的以言行事的具体材料，后者强调在具体社会条件下，语言运用及言语行为发生的变化。从侧面来说，社会语用学是语用学对社会学的研究，其研究语言的社会性本质，对语言结构、语言运用予以密切关系，并分析社会因素对语言产生的制约与影响作用。在研究方法的运用上，社会语用学基于传统定性研究，将定量分析与定性分析相结合。这种做法是对语言研究方法的改进，对语言研究而言意义重大。

总体来说，社会语用学的主要任务在于帮助人成为好的语言运用者。在道德层面，社会语用学更强调使用者应该注意自己的言行，提升自我意识，构建和谐的语言运用环境。

二、微观语用学理论

除了宏观语用学，微观语用学也是语用学研究的一个重要层面。微观语用学主要涉及语境、预设、指示语、言语行为、会话含义、礼貌原则、关联理论、顺应理论、模因理论等内容。下面选取其中几个层面做重点论述。

(一)语境理论

语言的运用与语境有着密切的关系。马林诺夫斯基(1923)认为，要想理解发话者的意思，就必须将话语与语境相结合。从马林诺夫斯基的观点中可知，语境对于语言理解非常重要。

弗斯(Firth，1957)对马林诺夫斯基的观点进行了继承与发展，并提出自己的语境思想。在弗斯看来，语言与语境、上下文间都是存在着必然的联系，这就是上下文语境与情景语境。除此之外，语境还包括语用人的言语活动特征、语用人特征等。[①] 当然，除了交际双方共有的语用知识，语境还涉及语用人的地位、作用、语言发生的时间与空间、与语言活动相适应的话题等。

基于弗斯的观点，莱昂斯(1977)还提出，话题对于方言的选择、交际媒介的恰当运用有着至关重要的作用。[②]

韩礼德认为，语言会随着语境的改变而不断发生改变，韩礼德对于语言与社会的关系非常重视，认为语境属于一种符号结构，是文化符号系统意义相聚而成的。这种观点呈现了语境的动态特征。同时，韩礼德还认为语境这一符号结构包含三个层面。

(1)语场，即发话者运用语言描述整个时间，是有意识的语言活动，也是话题的呈现。这也表明，交际双方处于不同的语境，

① Firth, J. R. *Papers in Linguistics 1934—1951*[M]. London: Oxford University, 1957: 12.

② Lyons, J. *Semantics*[M]. Cambridge: Cambridge University Press, 1977: 574.

他们谈论的话题也必然不同。语场对交际的性质、话语范围起着决定性的作用，同时影响着词汇与话语结构的选择。另外，语场也指引着话语的发展情况，语言不同，话语形式也必然不同。

（2）语旨，即语言交际双方在交际中或在社会语境下所扮演的角色以及彼此之间的角色关系。当然，这些关系与人际功能呈现对应情况，并通过语气系统加以体现。对于交际对象，语旨是非常看重的，即如何向对方传达自身的所见所闻。

（3）语式，即语言在情境中的功能与组织形式，包含上文提到的交际双方的地位与交际关系以及交际者的发话目的。语式对于话语的衔接与主位结构是非常注重的。

除了西方学者，我国学者对语境也进行了研究。《辞海》（1989）中指出，语境即交际双方所面对的现实情境，也可以称为交际的场合。①

我国学者郑诗鼎（1997）提出，就语言学的角度来说，语境可以划分为两类：一种为社会语境，一种为言辞语境；从社会学角度来说，语境也可以划分为两类：一种为主观语境，一种为客观语境。②

学者张志公（1982）认为，交际双方的场合及前言后语是对语义产生直接、现实影响的语言环境。从大的层面说，语境可以指代一个时代、一个社会的性质与特点；从小的层面说，语境可以指代某个个体的文化认知、生活经验等。

笔者认为，语境可以概括为三个含义。

第一，语境指语言产生的环境，可以是内环境，也可能是外环境。

第二，语境指从特定语境抽象来的、能够影响交际双方的各种相关的要素。

第三，语境指交际双方所共同存在的交际背景，可能是共同的知识，也可能是共同的文化等。

分析了什么是语境，下面重点探讨语境的划分，因为这是认

---

① 《辞海》编辑委员会．辞海[M].上海：上海辞书出版社，1989：1037.

② 郑诗鼎．语境与文学翻译[M].重庆：西南师范大学出版社，1997：7.

识语境本质的关键层面。从宏观角度来说，语境可以划分为如下六种，如图 7-1 所示。

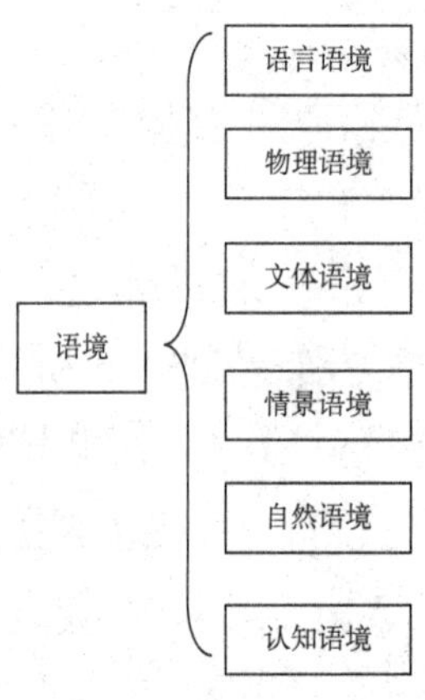

图 7-1　语境的划分

（资料来源：熊学亮，2008）

1. 语言语境

所谓语言语境，主要涉及词语搭配、前言后语及由此构成的工作记忆与短期记忆、关键词与话语出发的知识等。例如：

（语境：修理部，A 递给 B 一把螺丝刀，并指向洗衣机的后盖）

Open the washing machine!

在这里，open 的意思是打开洗衣机的后盖，当然这显然是通过前面的语境获得的，可能 A 对 B 就已经说过了。

The washing machine is making a loud rattling sound.

正是由于这一语境前提，B 很容易理解用螺丝刀去打开后盖来检查一下，也明确了 open 的范围。

在所有的语言语境中，上下文语境是最为常见的一种，使用范围非常广泛，即通过上文，就可以获知下文信息的意义。对于这种语境，主要包含短语语境、句子语境、段落语境、语篇语境。除此之外，还有一种最小的语言语境，就是搭配语境，其有助于落实字词的含义，并将这些字词含义做具体化处理。例如：

这是一件浪漫而痛苦的事情。

她是一个漂亮而聪明的女孩。

对于汉语中这两句话，“而”的运用却意思不同，前者“而”的前后词是矛盾的，后者“而”的前后词是并列的，因此在翻译时应该多加注意。

2. 物理语境

物理语境属于一种语言系统外的因素，即在进行语言交际时，处于交际双方之外的，但是对交际双方的交际话语产生重要影响的一种语境，如交际场所、交际时的天气、空气中的气味、交际双方的身体情况等。例如：

（语境：A 与 B 在卧室一边看电视一边聊天）

A1：《越狱》与《吉尔摩女孩》哪一个更好看？

A2：我喜欢看《越狱》，因为每一集的结尾都会给人留下悬念，让人释怀。

B1：好像排到第二季或第三季就比较拖沓了。我比较喜欢《吉尔摩女孩》，是说单亲母女的事情，很注重细节，也很有人情味。

B2：那我有空……我现在要出去一下。

通过分析这段话，B2 显然是被某些情况干扰了，如图 7-2 所示。

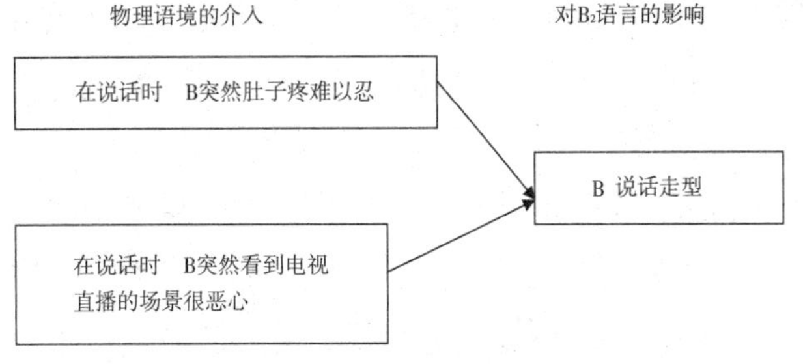

图 7-2　物理环境介入的情况示例

（资料来源：熊学亮，2008）

换句话说，物理预警会对发话内容、发话方式、他人理解产生影响

3. 文体语境

文体语境主要从不同的语境角度对文体加以判断。具体来说，文体语境主要表现为三个层面。

第一，力求对语境进行详细、全面的介绍。

第二，在语境中凸显最主要的部分。

第三，采用折中手段。

4. 情景语境

所谓情景语境，是指在交际行为发生过程中的实际语境。

5. 自然语境

交际行为的发生必然与自然环境密切相关，自然语境就是对这类环境的总称。

6. 认知语境

所谓认知语境，指语用人在知识结构中构建的知识单位、知识单位间的衔接习惯、知识单位衔接的逻辑方式。[①] 在对话语信息进行处理时，话语中相关词语会从语用人固有知识结构或认知语境中，将相关的记忆内容进行激活，从而提升对信息加以处理的效度，并得出与语用人话语相关的解释。

在日常话语中，运用与理解话语所包含的已经系统化、结构化的百科知识就属于认知语境的内涵，或者语用人已经认知化、内在化于头脑中的关系典型与概念典型。基于这些典型与认知，语用人在对这些信息进行处理时，就是先对语言符号的字面含义加以充实，然后从认知层面对其进行补充。换句话说，交际双方在交际过程中，话语的生成往往会受到经济原则的影响与制约，发话者产生的话语也并不是完整的。很多时候，交际中的话语信息会超越其字面意义，是一种超载信息，并且需要受话者经过分析才能推导出发话者的意图。这时的推导其实就包含了认知的性质。

如前所述，语言表达本身也具有信息的不完整性，其字面含义一般很难满足交际的需要，语用人必须经过推导才能真正地达意。当然，在对话语进行推导的过程中，语用人有时候并不需要

① 熊学亮．简明语用学教程[M].上海：复旦大学出版社，2008：19.

依赖物理语境，他们可以自觉或者不自觉地采用已经认知化、内在化的语用知识来理解与解释。例如，当有人说道“他喝多了”这句话时，如果没有具体的语境介入，那么一般人都会认为是他喝酒了，而且喝得很多，就理所应当地认为“喝”就是喝酒。

但是，当有具体的语境介入时，这种内化的常理解释往往会被推翻，如可以说：“他又喝多了，只见他总是跑洗手间。”这样的介入就可以将“喝”理解为喝水。

认知语境中的常规语用知识就是人们储存的知识状态。当人的大脑输入信息之后，那些有用的信息会被储存下来，但是这些储存往往会经过整理，并不是杂乱破碎的，而图式性的信息处理就是将知识系统化、结构化的过程。换句话说，知识的存储是以框架、脚本、草案、图式、表征等状态存储的，在语言运用的时候，这些知识就会被激活，从而让人们有效选择使用。

当知识被激活之后投入使用时，一般会采用两种方法。

（1）话语中的有关词语仅对固有知识的某一部分进行激活，但是通过这一部分，语用人可以激活其他部分，进而推导出整个知识所包含的信息。

（2）如果话语中的有关词语激活的固有知识不仅是一个，甚至两个以上，那么这些知识需要逻辑连接而成，而连接的方式往往先连接近的，再连接较为远的。

请看下面的几段对话。

A：Why didn’t drive to work today?

B：I can’t find my keys.

分析上述对话，“车”的知识使整个对话连贯起来。在“车”的图式中，“方向盘”“座椅”“钥匙”都是其必备的部分，钥匙是点火的必需品。因此，B说找不到钥匙，那么A就很容易理解这个钥匙就是所谓的车的钥匙，而不是房子的钥匙或者办公室的钥匙等。因此，车的钥匙就说明了A与B具备了同一认知框架。再如：

A：I sprained my wrist.

B: Let's go to the hospital just now.

在这个段话中,"手腕扭伤"与"医院"将整个框架激活。为什么 A 说手腕扭伤, B 的回答是去医院呢? 显然,这是最常理的处理方式,也是根据人的经验逻辑自然形成的,并且这两个连贯具有相邻性的特征,很容易被人联系起来。又如:

A: I sprained my wrist.

B: Let's go to the cinema just now.

乍一看,上述对话并无关联,甚至说关联认知较远,这时就需要更多的语境介入,如 B 知道 A 喜欢看电影,因此 B 的提议可以让 A 减轻手腕疼痛的不痛快,是对 A 的一种安慰之情。这样,两个不相干的话语就贯穿起来。

除此之外,笔者认为语境可从两个方面来理解,如图 7-3 所示。

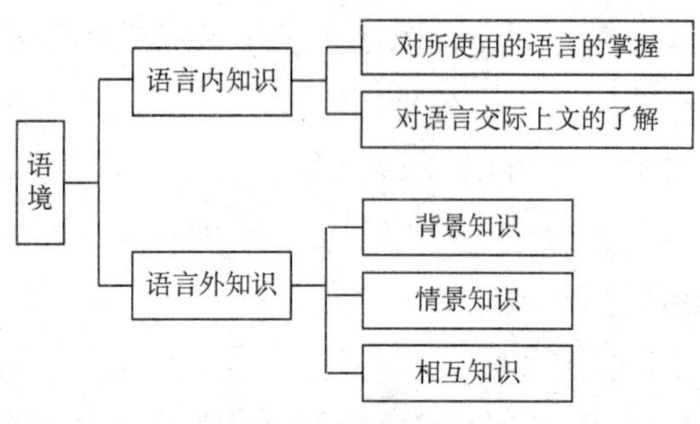

图 7-3　语境的内涵

(资料来源:曾文雄,2007)

从图 7-3 中可知,交际语境的内容比较复杂,并且是动态性的,因此语用人需要用动态的眼光来理解与处理语境。

(二)指示语理论

在语用学研究中,指示现象的研究是比较早的,主要研究的是如何采用语言形式对语境特征进行表达,以及如何依靠语境对话语进行分析。对于指示语进行分析和探讨,有助于交际双方更好地开展交际。

指示语,英文为 deixis,指运用语言来指点与标识。对指示语进行研究，能够确定交际信息与所指示的对象，便于交际。当然，要想理解语言，就必然需要依靠语境，而指示语能够通过语言结构，将语言与语境间存在的必然关系体现出来。基于这一点，很多人认为语用学研究就是指示语的研究。可见，指示语研究有着十分重要的地位。

指示语与人们的生活密切相关。著名学者巴尔－希列尔（Bar-Hillel，1954）曾指出，在自然语言中，指示语是固有的，是不可避免的特征。人们在日常交际中，必然都包含各种指示语信息，明确了具体的所指，那么话语含义也就清晰了很多。[①] 例如：

Lily has put it there.

在上述句子中，Lily，it，there 是明显的三个指示语，要想明白这句话，就必须弄清这三个词，即 Lily 是谁，it 是什么，there 是在哪里。

可以看出，如果在日常交际中，交际双方不能明确这些指示信息，必然对交际产生负面效应。

弄清楚了指示语的内涵，下面重点来论述指示语的主要类别及各自的功能。指示语主要可以划分为五大类，如图 7-4 所示。

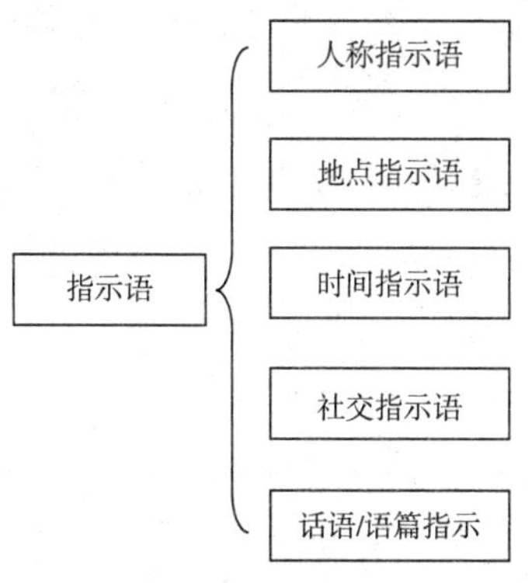

图 7-4　指示语的划分

（资料来源：冉永平，2006）

① 何自然，冉永平．新编语用学概论[M]．北京：北京大学出版社，2009：31．

1. 人称指示语

人称指示语即在语言交际中,参与者之间的关系。很多人将人称代词等同于人称指示语,这是不全面的,因为很多时候,语法意义上的人称代词不需要与语境相关联。

一般来说,人称指示语可以划分为三类,如图 7-5 所示。

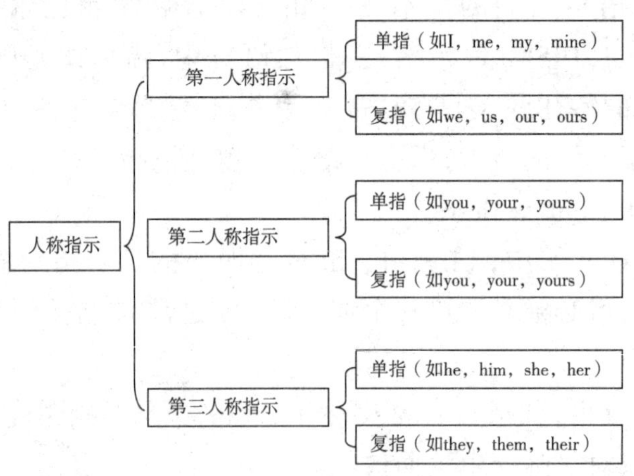

图 7-5　人称指示语的划分

（资料来源：冉永平,2006）

在语用学研究中,第一人称指示语有着重要意义,看起来是非常简单的,实则非常复杂。一般来说,第一人称指示语主要指的是发话者,可以单指,也可以复指。但需要注意的是,有些第一人称从形式上是单数或者复数,但是从语用角度说,可能表达的并不仅仅是字面的意义。例如:

What are we supposed to do?

这句话在日常交际中非常常见,很多人也认为 we 是复数形式,但是在不同的语境中,其语用意义是不同的。例如,这是班长代表全班对授课老师提出的作业意见,那么 we 就是不包含授课教师的其他人;如果这是一位母亲对弄脏衣服的孩子说的话,那么 we 仅代表孩子。

第二人称指示语的中心在于受话者。第二人称指示语的交谈对象可以是在场的,也可以是不在场的,而 you 既可以是单数

表达,也可以是复数表达。例如:

I'm glad that all of you received my invitation.

上例中,you 显然为复数表达。

第三人称指示语主要指的是发话者与受话者外的其他人。第三人称代词常用于泛指或者照应,偶尔会用于指示。例如:

Let him have it, Chris.

在没有语境的情况下,上例中的 him 和 it 所指代的对象不能确定。him 可能指 Bob,John 或者其他人,it 也可能指一台照相机、一块巧克力等,而话语意思也就随着指代对象的变化而改变。

2. 地点指示语

地点指示又可以被称为“空间指示”,指的是人们通过话语传递信息与实施言语行为的位置或地点。地点指示信息源于话语中谈及的方位或交际双方所处的位置。就物理学角度来说,物体的方位具有客观性,但是由于交际双方的视角与所处位置不同,加上一些动态助词的参与,因此为了表达的准确,不得不根据语境采用一些地点指示语。例如:

(1) She is behind me.

(2) I'm in front of her.

对于上述两个例句,基本信息是相同的,但是由于不同主体的视角不同而导致的差异。因此,只有结合语境,才能确定所指信息,只根据表面是很难确定的。

3. 时间指示语

时间指示语,即人们通过话语传递信息与实施言语行为的时间关系,其往往将发话者的话语时间作为参照。英语中的 now, tomorrow 等都属于时间指示语。但是由于语境条件不同,发话者运用时间指示语表达的指示信息也必然不同。要想准确理解时间指示语的内容,需要将多个层面的因素考虑进去。受话者也需要从发话者运用时间指示语的类别、动词时态上加以理解与确定。例如:

Now it's 9:30 by my watch.

I'm free now.

对于上述两句话中的now进行分析可知，两者的意义不同，第一个句子采用了固定含义“现在的时刻”，而第二个句子则指的是更大的范围，如这个月、这个假期等。

当然，为了更好地对时间指示语有所了解，对于历法时间单位和非历法时间单位的区分显得非常必要，如表7-1所示。

表7-1 历法时间单位和非历法时间单位比较表

比较项目＼单位名称	历法时间单位	非历法时间单位
定义	在固定的历算系统中，按一定的规则所划分的年、月、日、星期等时间单位。	一定进位制系统中的时间单位，可按照相应的进位制规则加减。
特点	每一单位都有固定的称呼，表特定时间段。 大时间由一定数量的特定小时间段组成。 起点和终点约定俗成，不可随意改变。	每一单位没有固定称呼，只表示相应的长度。 大时间长度由小时间长度累加而成。 起点和终点不固定，可任意选择。
表达方式	专有名词或普通名词	普通名词
例词	Year 2013，July，summer，September，Thursday，morning	5 years，4 seasons，1 day，5 months，8 weeks

（资料来源：李捷、何自然、霍永寿，2010）

通过分析表7-1可知，year既可以指代历法时间单位“年份”，也可以指代非立法时间单位“年”，month与day等也是如此。

4.社交指示语

所谓社交指示语，指在人际交往中，与人际关系有着密切联系的词语和结构。社交指示语的运用在于对发话者与听话者的关系进行改变与调节、对发话者与第三者间的关系进行改变与调节。社交指示语可以通过词缀、称呼等途径加以实现。例如，表7-2就是称呼语用于社交指示的例子。

表 7-2　用于社交指示的称呼语

称呼语类型	相关例词
名词的不同表达	e.g. James，Bond，James Bond，etc.
职业等级	e.g. Colonel，etc.
头衔＋名字	e.g. Professor White，Doctor Li，President Clinton，etc.
职业名称	e.g. Doctor，teacher，architect，etc.
亲属名称	e.g. uncle，sister，aunt，grandfather，etc.

（资料来源：李捷、何自然、霍永寿，2010）

这些称呼所发挥的社交指示功能不同。例如，sir，madam 等泛化称呼可以表达出发话者对对方的尊重；Mr. ＋姓氏等类型的称呼能够表达对方的社会地位较高。

5. 话语 / 语篇指示语

话语 / 语篇指示语指在说话或写作中，发话者与写作者选择恰当结构与词语对某些知识信息加以传递。由于交际必然与时间、地点等相关，因此话语 / 语篇指示语与时间指示信息、地点指示信息等也有着密切的关系，如 the next... 与 the last... 等。

在不同的语境中，话语 / 语篇指示语可能是前指关系的话语 / 语篇指示语，也可能是后指关系的话语 / 语篇指示语。例如：

综上所述，养鸟是对鸟的一种爱护，而不是伤害。

The following is from the received Robert Stevenson Production of Jane Eyre for Fox.

上述两句话中，综上所述就是一个前指关系的话语指示语，the following 为一个后指关系的话语指示语。

（三）会话含义理论

要想了解会话含义，首先需要弄清楚什么是含义。从狭义上说，有人认为含义就是“会话含义”，但是从广义上说，含义是各种隐含意义的总称。对于含义，可以划分为两大类，如图 7-6 所示。

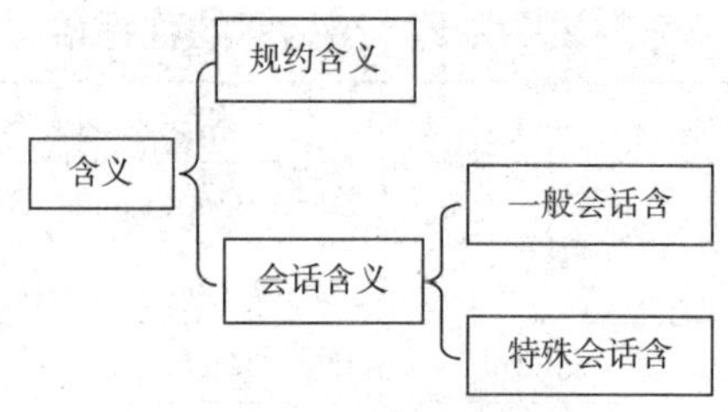

图 7-6 含义的划分

（资料来源：姜望琪，2003）

通过分析图 7-6 可知，含义分为规约含义与会话含义。格赖斯认为，规约含义是对话语含义与某一特定结构间关系进行的强调，其往往基于话语的推导特性产生。

会话含义主要包含一般会话含义与特殊会话含义两类。前者指发话者在对合作原则某项准则遵守的基础上，其话语中所隐含的某一意义。例如：

（语境：A 和 B 是同学，正商量出去购物。）

A：I am out of money.

B：There is an ATM over there.

在 A 与 B 的对话中，A 提到自己没钱，而 B 回答取款机的地址，表面上看没有关系，但是从语境角度来考量，可以判定出 B 的意思是让 A 去取款机取钱。

特殊会话含义指在交际过程中，交际一方明显或者有意对合作原则中的某项原则进行违背，从而让对方自己推导出具体的含义。因此，这就要求对方有一定的语用基础。

提到会话含义，就必然提到合作原则，其是对会话含义的最好的解释。合作原则包括下面四条准则。

（1）量准则，指在交际中，发话者所提供的信息应该与交际所需相符，不多不少。

（2）质准则，指保证话语的真实性。

（3）关系准则，指发话者所提供的信息必须与交际内容相关。

（4）方式准则，指发话者所讲的话要清楚明白。

(四)言语行为理论

奥斯汀(Austin)的言语行为理论首次将语言研究从传统的句法研究层面分离开来。奥斯汀从语言实际情况出发,分析语言的真正意义。言语行为理论主要是为了回答语言是如何用之于"行",而不是用之于"指"的问题,体现了"言"则"行"的语言观。奥斯汀首先对两类话语进行了区分:表述句(言有所述)和施为句(言有所为)。在之后的研究中,奥斯汀发现两种分类有些不成熟,还不够完善,并且缺乏可以区别两类话语的语言特征。于是,奥斯汀提出了"言语行为三分说",即一个人在说话时,在很多情况下,会同时实施三种行为:以言指事行为、以言行事行为和以言成事行为。

1. 表述句和施为句

(1)表述句。以言指事,判断句子是真还是假,这是表述句的目的。通常,表述句是用于陈述、报道或者描述某个事件或者事物的。例如:

桂林山水甲天下。

He plays basketball every Sunday.

以上两个例子中,第一个是描述某个事件或事物的话语;第二个是报道某一事件或事物的话语。两个句子都表达了一个或真或假的命题。换句话说,不论它们所表达的意思是真还是假,它们所表达的命题均存在。但是,在特定语境中,表述句可能被认为是"隐性施为句"。

(2)施为句。以言行事是施为句的目的。判断句子的真假并不是施为句表达的重点。施为句可以分为显性施为句和隐性施为句。其中,显性施为句指含有施为动词的语句,隐性施为句则指不含有施为动词的语句。例如:

I promise I'll pay you in five days.

I'll pay you in five days.

这两个句子均属于承诺句。它们的不同点是：第一个句子通过动词 promise 实现了显性承诺；而第二个句子在缺少显性施为动词的情况下实施了隐性承诺。

总结来说，施为句主要有如下几个特点。

第一，主语是发话者。

第二，谓语用一般现在时第一人称单数。

第三，说话过程非言语行为的实施。

第四，句子为肯定句式。

隐性施为句的上述特征并不明显，但能通过添加显性特征内容进行验证。例如：

学院成立庆典现在正式开始！

上述例子通过添加显性施为动词，可以转换成显性施为句。

（我）（宣布）学院成立庆典现在正式开始！

通常，显性施为句与隐性施为句所实施的行为与效果是相同的。

2. 言语行为三分法

奥斯汀对于表述句与施为句区分的不严格以及其个人兴趣的扩展，很难坚持“施事话语”和“表述话语”之间的严格区分，于是提出了言语行为的三分说：以言指事行为、以言行事行为和以言成事行为。指“话语”这一行为本身即以言指事行为。指“话语”实际实施的行为即以言行事行为。指“话语”所产生的后果或者取得的效果即以言成事行为。换句话说，发话者通过言语的表达，流露出真实的交际意图，一旦其真实意图被领会，就可能带来某种变化或者效果、影响等。

言语行为的特点是发话者通过说某句话或多句话，执行某个或多个行为，如陈述、道歉、命令、建议、提问和祝贺等行为。并且，这些行为的实现还可能给听话者带来一些后果。因此，奥斯汀指出，发话者在说任何一句话的同时应完成三种行为：以言指事行为、以言行事行为和以言成事行为。例如：

我保证星期六带你去博物馆。

发话者发出“我保证星期六带你去博物馆”这一语言行为本身就是以言指事行为。以言指事本身并不构成言语交际，而是在实施以言指事行为的同时，包含了以言行事行为，即许下了一个诺言“保证”，甚至是以言成事行为，因为听话者相信发话者会兑现诺言，促使话语交际活动的成功。

(五)模因理论

1976年，牛津大学动物学家Richard Dawkins在《自私的基因》(*The Selfish Gene*)一书中首次提出了meme(模因)这一术语。这本书认为，生物进化的基本单位是基因。生命的祖先是复制基因(replicator)。复制基因之间通过竞争获得生存，而生物体仅是因传承与繁衍自身的“生存机器”，基因唯一的兴趣就是复制自己。生物的进化是由基因决定的。推动生物进化进程的就是复制基因。道金斯(Dawkins)指出，文化在进化的过程中，也产生了一种类似基因在生活进化过程中发挥作用的复制因子。这就是“模因”。“模因”是文化传播的单位。道金斯提出，模因有很多类型，如观念、训率、服饰时尚、宣传口号、建造房子的方式等。就像基因库中繁殖的基因，借助精子或者卵子，从一个身体跳到另一个身体以实现传播、复制；模因库中的模因，其繁衍是通过模仿的过程发生的，其将自己从一个头脑中传到另一个头脑中。之后，道金斯认为在大脑、书本、计算机等媒介中互相传播的信息均是模因。

之后，模因的基本理论始终被研究者研究和阐述着，对其做出一定贡献的是布莱克摩尔(Blackmore)。布莱克摩尔指出，模因是通过模仿进行传递的，而模仿能力是人类特有的。从广义上说，模仿就是从一个大脑传到另一个大脑的方式。模仿涉及观念与行为以任何一种方式向另一个人的传递过程。其具体包括教育、学习、讲述、演示、传播、告诉、阅读等方式。模因的载体可能是人类的大脑，也可能是建筑、书本等。布莱克摩尔指出，任何一个信息，只要他可以通过我们广义上的“模仿”过程而得以复制，那么就能算成一个模因。

布莱克摩尔强调,作为一个复制因素,模因可以支持以变异、选择和保持为基础的进化的规则系统。她认为可以利用达尔文的通过自然选择而进化的理论分析文化进化的规律。但她与道金斯一样,不同意社会生物学和进化心理学的学者在对人类行为进化基础研究中的做法:对文化进化机制的阐述,最终还是回到生物进化的意义上解释文化进化的内在动力。道金斯与布莱克摩尔指出,要考虑用另一种独立存在的复制因子说明文化的进化。

在复制过程中,模因会出现变异,其方式有变形、合并、分裂、传递过程中的误差等,对变异之后的文化单位的自然选择或认为选择及其保持促进了文化的进化。模因与模因之间相互合并而形成大的模因组合更容易得到共同复制与传递,这种模因组合可以称为"协作模因""复制模因"。

道金斯认为,达尔文的"适者生存"的观点,其实就是"稳定者生存"。成功的复制基因也就是稳定的基因,它们或者本身存在的时间较长,或者可以寻思进行自我复制,或者它们精确无误地进行复制。如同成功的复制基因一样,成功的模因有着保真性、多产性、长寿性的特征。保真性即模因在复制过程中通常会保留原有模因的精要,而不是毫无变化。如果一种科学观念从一个人的头脑传到另一个人的头脑,多少会发生一些变化,但仍然保留着原有科学观念的精髓。多产性即模因的传播速度快和传播的范围广。长寿性即模因在模因库中存留很久,也就是说其可以在纸上或者人们的头脑中流传很长时间。

道金斯对模因概念进行了详细的解释,在整个学术界产生了深远影响,随后也受到了诸多学者的赞同和进一步发展,如布莱克摩尔,Brodie(1996),林奇(Lynch,1991)和Heylighen(1998)。学者们在对道金斯的观点给予肯定的基础上,进一步展开了研究与探讨,并且初步建立了文化进化理论。美国哲学家丹尼尔·丹尼特(Daniel Dennet,1991;1995)也非常赞同模因的观点,并在

《意识的阐释》《达尔文的危险观念》等著作中应用模因理论对心灵进化的机制进行了阐释。另外，还有一些学者将模因理论用于解释一些文化现象的进化及相关问题，如大脑、意识、科学、知识、音乐、语言、婚姻、道德、电子邮件病毒等。如今，“模因”一词已经得到了广泛的传播。该词还被收入《牛津英语词典》和《韦氏词典》中。在《牛津英语词典中》，模因即“文化的基本单位，通过非遗传的方式，尤其是模仿而得到传播”；《韦氏词典》将模因解释为“在文化领域内人与人之间相互散播开来的思想、行为、格调或者语用习惯”。

1. 语言模因论

语言与模因既有联系，又有区别。语言存在于模因中，反过来，模因也可以促进语言的发展，并且依靠语言得以复制和传播。只要通过模仿得到复制与传播，语言中的所有字、词、短语、句、段落甚至话语，均可以称为模因。

例如，“哥”“雷”“杯具”“草根”“超女”“蜗居”等词语看似很普通，实际都是活跃的模因，有着很强的复制能力。通过其复制出的模因数不胜数。

再如，斯宾塞·约翰逊（Spencer Johnson）所著的《谁动了我的奶酪》（*Who Moved My Cheese?*）出版后很快成为畅销书。其书名也迅速家喻户晓，成为人们纷纷模仿的对象，于是派生出了大量的语言模因。请看下面几个句子。

Who moved my job?

Who moved my money?

谁动了我的幸福？（电影名）

谁动了我的琴弦？（流行歌曲名）

上述四个句子均模仿的标题 *Who Moved My Cheese?* 可见，通过模仿与传播，这本书的名字成了一个活跃的模因。

2. 强势模因与弱势模因

同基因一样，模因也遵从着“适者生存”的自然法则。各种模因都会为了生存而展开激烈的斗争,其中那些适应自己的生产环境,在保真度、多产性和长寿性三个方面表现值都很高的情况下,就会形成强势模因。例如:

牛奶香浓,丝般感受。(德芙巧克力广告)

大家好,才是真的好。(广州好迪广告)

在上述两个例子中,第一个运用了明喻修辞,将巧克力比作看似不相关的牛奶和丝绸,给消费者带来了味觉和触觉上的想象,让人无法抵挡住诱惑,促使购买行为。另外,其运用了汉语中的四字短语形式,易于传播与模仿,属于典型的强势模因。第二个例子迎合了中国人传统的集体主义思想,并且通俗易懂,读起来朗朗上口,于是成了大家争相模仿的对象,成为活跃的强势模因。

与强势模因对应的是弱势模因。随着环境的变化,一些活跃不起来的模因就会逐渐消失。它们被替代或使用范围缩小,被局限在某些固定的领域,于是就形成了弱势模因。例如,instant noodles 和 chewing gum 的译文“公仔面”“香口胶”的使用范围就已经缩小,仅在港台地区使用,在普通话中已经被“方便面”“口香糖”替代。

第三节　语用学理论在大学英语教学中的应用

上述分析了语用学的基本定义与理论,下面就来分析其在大学英语教学中的应用,从而更好地提升大学英语教学水平,推进大学英语教学的改革与发展。

一、ELF 语境下的语用教学观

语用教学作为影响二语学习者语用能力发展的重要因素之一,已经成为二语教学关注的重点问题。语用教学研究证实了二语语用知识的可教性以及课堂教学的有效性(Rose & Kasper,

2001; Kasper & Rose, 2002; Ishihara & Cohen, 2010)。然而,英语作为国际通用语的现实却对语用教学提出了挑战。首先,ELF语境中的言语交际表现出多元文化特征以及动态协商特质,原来用于语用教学的二语材料以及教学活动不足以反映ELF语境的复杂性。其次,中介语语用教学长期以来都是以趋同于目标语语用标准作为发展目标,忽视了学习者在语用习得中的主体性。

在ELF语境中,语言的使用出现了多元化的语言语用及社交语用现象,体现出超越英语本族语标准的趋势(冉永平,2013)。因此,语用教学的目标不应只是关照英语本族语者的语用标准,还应该关照学习者的本族语语用标准及多元化语境的影响。Murray(2012)提出,在ELF语境中,大量的言语交际发生在非英语本族语者之间,培养学习者的语用能力不再参照单一的本族语者的英语语用标准,而应该以培养学生的ELF语用能力为目标。ELF语用能力应该考虑学习者对目标语语言和文化的态度以及学习者的价值观等因素。在ELF语境下,语用教学应该基于相关语用学研究的成果,以提高学习者的语用意识和互动能力为目标,重点教学生一些语用策略。语用教学的另外一个目标是培养学习者在交际中的互动能力。

二、语用学视角下大学英语教学的关注点

从语用学视角对大学英语教学进行研究应该关注如下几个问题。

(一)关注语用失误

所谓语用失误,即双方在进行语言交际时,未实现既定的交际效果的失误情况。需要指出的是,语用失误与语用错误并不相同,后者指代的是由语法错误造成的词不达意现象,而前者指代的是由于交际双方说话方式不当而造成的不合时宜现象。

著名学者托马斯(Thomas)将语用失误划分为两部分:一种

是社交失误，一种是语言失误。这两种失误都会影响着大学英语教学。[①] 这是因为，外语教学的目的在于帮助学习者进行恰当交际，掌握交际能力与素质，因此对这些语用失误的了解与把握显得十分必要。

（二）关注语用能力

1990 年，学者乔姆斯基（Chomsky）提出语用能力这一概念，他指出语用能力是使用者具备的能够与他人展开恰当交际的语言使用技能。

在我国传统的大学英语教学中，教师忽视了培养学生的语用能力，因此当今的大学英语教学应该注意这一点，因为语用能力的培养有助于提升学生的外语素质与教学效果。

语言表达的不同，在一定程度上反映出发话者的语用能力不同。在大学英语教学中，语用能力的培养应该置于与语言知识教学同等重要的地位，教师运用语用学的原理指导大学英语教学，有助于提升教学效果。同时，在教授中，教师应该引导学生在不同的语境中选择恰当的语言，从而提升自身的语言交际能力，这对日后的跨文化交际有帮助。

三、语用学理论指导下非英语专业学生语用策略的培养

上面对语用学视角下大学英语教学的关注点进行了分析，下面就从这些关注点着手，探讨具体的大学英语教学策略。总体来说，应该关注如下两大层面。

（一）提高学生的语用意识

语用学视角下的外语教学首先应该重视学生语用意识的培养与提高。

---

① 何自然，冉永平．新编语用学概论[M]．北京：北京大学出版社，2009：268.

从教师的角度来说，应该增加自身的语用知识，并在外语教学中开展丰富多样的语言交际活动，从而增强学生在不同的语境下对语用功能的认识，有意识地减少自身交际中出现的语用失误。

从宏观的层面说，教师可以从以下几个角度入手。

（1）让学生了解语用理论的相关知识，如言语行为理论、礼貌原则、关联理论、合作原则等，

（2）告诉学生不同语境下语言交际的不同作用。

（3）总结英汉语言在使用上的差异，帮助学生避免语言交际中中式英语的错误，使学生掌握地道的英语表达方式。

从语用的角度上说，语言形式和语言功能并不是一一对应的关系，由于交际目的、语言环境的不同，同一种语言形式也可能产生不同的语言功能，同一种语言功能也可以由不同的语言形式产生。在外语教学中，教师需要对学生进行语言形式、功能、语境能力的训练，从而提升学生的语用能力。具体来说，教师可以采用以下几种方式提高学生的语用意识。

1. 培养学生观察语言形式在语境中的使用

语用意识的培养是提高语用能力的前提。外语教学中培养学生的语用意识主要是培养学生观察语言形式在相应的语境中使用的能力。

鉴于此，教师可以设计一些培养学生语用意识的活动，让学生了解母语与外语在具体言语行为上的差异。例如：

Emmy: Hello, Tom.

Tom: Hello, Emmy.

Emmy: When are you going to get together!

Tom: We really should.

Emmy: You know my office number. Just give me a call.

Tom: Okay.

Emmy: Good. So long.

Tom: Bye.

通过对上述对话进行分析可以看出，虽然 Emmy 和 Tom 两个人是围绕着约吃饭的事情进行谈论，但是对话中并没有明确提出吃饭的时间与地点，因此不能算作一种邀约。这一点和中国的邀约方式有所差异。教师可以在外语教学课堂上多列举一些中外言语行为上的差异，并设计不同的活动，从而培养学生的语用意识。

2. 借助媒体多渠道地培养学生的语用意识

语用意识的培养还可以借助媒体等渠道，如网络、电影、电视等，让学生了解不同文化背景下人们的生活方式与语言表达，从而知晓中西方文化间的差异，培养学生的语用能力。

由于媒体技术的发展，教学可以利用的资源更加丰富，对于学生语用能力的培养大有裨益。教师可以利用视频让学生了解本族语者使用时的表情、动作、姿态，也可以利用网络创造语言环境，让学生直接和英语本族语者展开沟通。

通过电影培养学生的语用意识也是十分有效的手段。教师在授课之前需要结合课堂教学内容，选取合适的电影让学生接触。这种培养学生语用意识的方式较单纯的课堂教学来说，更能调动起学生的兴趣，让学生产生更加深刻的印象。

3. 语言教学与文化教学相结合

文化教学的缺失是影响学生语用意识提高的重要方面。语言与文化密不可分，对文化的了解是提高学生语言意识和语用意识的基础。

外语教学的目的是让学生通过了解目的语文化提高自身的跨文化交际意识与语用能力。因此，教师不仅需要重视语言知识的输入，同时还要注重文化知识的输入，在外语教学中穿插文化教学。

将外语教学与文化教学相结合，有利于提高外语教学的实用性，同时还能调动学生语言学习的兴趣。在使用外语进行交际的过程中，文化知识的积累会让学生有意识地减少母语的负迁移，促进语言的正迁移，最终顺利完成语言交际活动。因此，文化教学也是培养和提高学生语用意识的重要手段。

（二）ELF 语境下培养学生的跨文化语用能力

迄今为止，国内外学者并未就 ELF 语境下的语用能力的定义达成一致，不过对于 ELF 语境以及 ELF 语用能力构成因素的看法基本趋同。（1）ELF 语境是动态建构的，能够体现交互文化的多元特征。ELF 语境的多元性和动态性是一种交际资源，可以为来自不同语言文化背景的英语使用者呈现和凸显自我文化提供新的语境空间。（2）ELF 语境中的交际主体呈现“他者化”特征。ELF 语境下用英语进行交际的语言使用者多为来自不同语言文化背景的非本族语者，英语逐渐成为“他者语言”（the language of “others”）（Jenkins，2015）。ELF 语境下“他者”对英语使用的能动性和创造性已成为他者化现象的语用表现，每一个 ELF 使用者都会构建与英语本族语不完全相同，并且反映自我交际方式与社会文化身份的“本我英语”（my English）。英语不再是单向语境下的简单移植和克隆，而是一种建构交际的社会认知过程，是语言使用的语用社会化需要与结果（Kecskes，2014）。（3）ELF 语用能力主要指英语语言使用者能够依据 ELF 语境下交互文化的多元化特点建构临场语境，并能够采用恰当的语用策略实现成功交际的目的。

于是，我们重点考察了研究 ELF 语用策略的文献，并参考 Jenkins，Cogo & Dewey（2011）提出的 ELF 交际者需在交际过程中平衡可理解性和构建身份之间关系的提法将 ELF 语用策略分为两类——信息互明语用策略和身份协商语用策略。

1. 信息互明语用策略

所谓信息互明语用策略，指那些有助于建构临时语境下的共知信息以实现交际信息互明的策略。在交际进行的不同阶段，ELF 交际者倾向于使用不同的策略促进信息互明。当遇到不清晰的词汇和话语时,交际者会采用“暂且不提原则”(let-it-pass principle)、观望(wait-and-see)或副语言资源(paralinguistic resources)等策略,以免出现交际障碍;当听话人遭遇理解困难时,说话人会采用消解策略;当交际者意识到交际过程中存在潜在的话语理解问题时,他们则会采用预先处置策略(proactive strategies),预先处置策略包括重复(repetition)、释义(paraphrase)、说明(clarification)、自我修正(self-repair)、话语标记语和小品词(discourse markers and particles)、添加(addition)等;交际者还会通过话题协商、话题管理、元话语策略等使话语信息更加清晰,让交际意图明朗;当交际双方就某一点无法形成一致看法时,交际者倾向于直接表达反对意见(disagreement)、拒绝(rejection)或者启动重新协商(raw negotiation)。

交际双方需要共同参与与互动协同,以实现话语信息的互明和可理解,因此他们不仅要想办法消解话语信息理解过程中出现的问题,还需要采用相应策略排除发生在理解之前的潜在障碍。

2. 身份协商语用策略

由于ELF语境中的英语语言使用者多为非英语母语者,他们来自不同的社会文化语境,具有独特的社会文化身份,因此ELF交际涉及至少两种不同的语言文化的互动和融合,由此产生“第三文化”(a third culture)或交互文化。交互文化是交际过程的多元文化融合现象,是在文化接触过程中建构的文化,具有涌现特征,体现了交际者之间的协调、竞争、调整和再协调,还涉及身份的动态协商。ELF交际也因此被看作通过语言实践建构文化身份的动态过程。

由于ELF交际者在一定程度上依附于本族语的语言文化规约,很容易出现自我中心思想(ethnocentric),并产出体现本土文化的话语行为。因此,交际者需要采用恰当的语用策略在呈现本土文化身份的同时,重新建构临时的相互接受的共同身份。交际运用比较多的语用策略有多语资源(plurilingual resources)、语码转换(code-switching)、同源迁移效应(cognate effect)习语以及语块的创造性用法(creativity of idiomacity and chunking)等。

四、语用学理论在大学英语教学中的应用案例

作为大学英语的评估手段,大学英语四六考试近年来经历了数次改革,现行的四六级考题中听力理解部分所占比重为35%,其中考查会话含义的试题对于大多数考生来讲都是绊脚石。会话含义推理题的提问方式通常如下。

What does the man/woman imply?

What can be inferred (concluded) from the conversation?

What does the man/woman mean?

What can we learn about the man/woman?

What had the woman /man (previously) assumed?

要回答这些问题,学生必须利用所学到的语言知识和背景知识积极主动地去对输入的信息进行解码、分析、预测和推理。于是,培养学生对话语进行分析、推理以领会说话者真正意图的能力应该成为大学英语听力教学的目标之一。

对语用教学效果的研究主要探讨某种教学实践对二语或外语习得的作用。在此类研究中,研究人员和教师特别关注某特定教学内容的习得。我们可以通过多种方法进行语用教学,如显性教学、隐性教学、归纳教学、演绎教学等。谈及不同的教学方法对语用习得的影响,学者普遍认为有计划的显性教学的效果明显优于隐性教学。值得一提的是,现有的大多数研究关注的是某个特定言语行为、语用程式或者交际性话语标记语的习得,鲜有研究关注语用推理能力的可教性。

近年来,中国学者尝试将语用学的理论运用到英语听力教学中,探讨语用学理论的掌握对提高学生听力理解水平的作用。此外,还有学者通过实证研究证明语用学理论的掌握能够提高学生

的英语听力水平。

众所周知，听力理解是一个复杂的过程，包括解码、认知和语用推理，它要求学习者具备一定的语用能力。虽然学界对于语用能力这一概念具有不同的界定，但总体来说语用能力是指在言语交际过程中，交际者能够识别当前语境，结合自己已有的语用知识，经过一定的语用推理产出合适的话语的能力，它包括语用知识、语用意识和语用表现三个部分。运用到听力理解部分，语用能力则包含语用知识、语用意识和语用推理能力。因此，仅仅认为对某个语用学理论的掌握就能促进学习者的语用推理能力、提高他们的听力水平是十分狭隘的。受 Elly Ifantidou 的启发，我们可在已有研究的基础上，以关联理论为理论框架，通过在大学英语听力课堂实施显性语用教学来提升学习者的语用意识，培养学习者的语用推理能力。

（一）理论框架

语用推理（pragmatic inference）是指语言使用者运用一定的知识和策略推导话语与语境的关联，并解读由此产生的语境含义（contextual implicature）的思维过程。语用者除借助逻辑化的语用规则理解一般含义外，更重要的层面在于结合语境，推导与交际意图相关的会话含义，并在一定范围内消解歧义，补全缺省环节（missing link）。有影响力的关于会话含义推导的理论有：格赖斯的会话含义理论、霍恩（Horn）两原则、莱文森三原则以及斯珀伯与威尔逊的关联理论。我们采用关联理论作为理论框架原因有二：其一，听力理解主要涉及信息处理；其二，只有通过大量的语用推理，我们才能推导出话语中所传达的交际者的交际意图。作为一种关于语言理解的认知理论，关联理论能够解释学习者如何处理复杂的二语语言明示刺激（verbal stimuli）。

斯珀伯与威尔逊认为人们的认知世界遵循关联原则（Principle of Relevance）——每个明示交际行为都假设其自身具有最佳关联性（optimal relevance），即在言语交际过程中双方所说的话一定是和当前或先前所说的话题相关联，听话者正是基于这种关联性来理解说话者的交际意图的。他们认为言语交际是一个双向的明示推理（ostensive inferential）过程，即在交际的过程中，说话者通过语言编码明示自己的交际意图，而听话者则在理解说话者话语信息的表层语码意义的基础上，对表层意义进行加工处理，在新旧信息相互作用而形成的认知语境中推导出说话者的意图。明示是从说话者的角度而言的，说话者先产生话语，产生信息意图（informative intention），通过信息意图向听话者表明自己的交际意图（communicative intention）；推理是从听话者的角度而言的，听话者从说话者的明示行为中推导其意图，于是言语交际双方互明对方的意图，实现成功交际。明示刺激激发人们的某种关联期待（即付出一定的认知努力获得相当的认知效果）——最佳关联。由于人们的认知能力、知识积累、个人经历以及所处的物理环境存在差异，不同的人对相同的话语可能存在不同的理解，也就是说最佳关联因人而异。

斯珀伯与威尔逊提出了关联理论框架下的话语理解步骤，有助于听话者对说话者的意图做出可靠的推理。

（1）（通过消除歧义、解决指称不确定问题、超越表层语码意义、提供语境假设、计算会话含义等）遵循最省力原则以构建对话语的理解。

（2）当你的关联期待得到满足（或破灭）后停止推理。

上述步骤表明听话者往往认为满足其关联期待的第一个解释就是说话者意欲传达的会话含义。听力理解其实就是学习者启动认知语境寻找最佳关联的过程，所以不同的学习者对同一个话语会产生不同的理解，这可以解释为什么有的学习者无法推导出听力理解的正确答案。

关联理论指导下的话语理解过程涉及三个任务。

（1）通过解码、消歧、指称确定以及其他的语用扩充过程对明示信息建构一个恰适的假设。

（2）对意欲表达的语境假设建构一个恰适的假设（隐含前提）。

(3)对意欲表达的语境含义建构一个恰适的假设(隐含结论)。

接下来我们按照上述过程来分析一个短对话。

W: I wish Jane would call when she knows she will be late. This is not the first time we've had to wait for her.

M: I agree. But she does have to drive through very heavy traffic to get here.

Q: What does the man imply?

(A) Jane may be caught in a traffic jam.

(B) Jane should have started a little earlier.

(C) He knows what sort of person Jane is.

(D) He is irritated at having to wait for Jane.

在听到 W 对 Jane 迟到这件事情发出的抱怨以后, M 通过 I agree 寻求与 W 的一致,拉近两人之间的距离。听到这部分后, W 可以得出以下假设"M 也认为 Jane 的行为是不合适的"。然而, M 接着说"But she does have to drive through very heavy traffic to get here." But 在该语境中作为连接词的功能已经被弱化,它充当的是引入新观点的话语标记语,它使得 W 抛却原来的语境假设,重新寻找最佳关联。经过对 M 所说的明示信息进行语用扩充后, W 能够得到如下隐含前提"因为交通非常拥堵,所以 Jane 要来单位就要花费更长的时间。"因此, W 可以推导出 M 话语的交际意图(即隐含结论)——"Jane 很有可能遭遇了交通堵塞,所以她这次迟到应该得到大家的谅解。"于是, A 是最符合 W 关联期待的答案。这个例子说明言语交际是一个在线处理过程,对说话者的会话含义进行语用推理涉及复杂的心智过程。因此,在听力课堂上进行显性语用知识教学、提高学生的语用意识进而培养语用推理能力是十分必要的。

(二)研究设计

1. 研究问题

本研究旨在探讨以下三个问题。

其一，哪些语用知识对二语学习者的语用推理能力起到重要的作用？

其二，如何在大学英语听力课堂教授语用知识？

其三，显性语用教学能否提高学习者的语用推理能力？

2. 被试

河南某大学2016级人文学科的131名本科生参与了该项目。所有的被试都在第一学期初参加了英语水平摸底考试。他们的平均年龄为17岁，皆没有海外求学经历，学习英语的平均年限为8年，在课堂外他们很少接触英语。在该实验中，他们将被分为控制班和实验班两组，由同一位大学英语教师教授。

3. 教学材料

基于对大学英语四级真题会话部分的分析，我们按照陈新仁的观点将语用教学的内容分为四大类：言语行为、语篇组织、语用惯例和语用含意。

大多数研究者都将言语行为作为课堂语用教学的内容。这类研究一般关注言语行为的各种语义程式以及影响这些语义程式实现的社交语用因素（如权势、距离、礼貌等）。我们遵循塞尔的传统，将言语行为分为五大类：陈述类、指令类、承诺类、表达类以及宣言类。我们将讲授直接言语行为与间接言语行为之间的区别，将间接言语行为作为我们的讲授重点。

语篇组织教学可分为篇章组织教学和会话组织教学两类。由于我们主要培养学生对英语会话含义的推理能力，因此该部分我们主要以会话组织作为教学目标，包括话语标记语和相邻语对。对相邻语对尤其是合意的第二部分和不合意的第二部分的掌握有助于学习者预测二语会话序列结构中的相邻对。此外，话语标记语在会话中发挥着重要的作用。经过对大学英语四级试卷的听力部分进行分析我们发现，所考查的信息中有很大一部分都位于话语标记语的附近。well和you know是出现频率最高的两个话语标记语。对相邻语对和话语标记语的显性教学能够使学生们更快地恢复明示信息，进而以较少的认知努力推导出会话含义。

关于语用惯例，我们发现了三种最常用的惯例表达——建议类惯例表达、拒绝并解释原因类惯例表达以及个人意愿阐述类惯例表达。建议类惯例表达包括以下结构："Why don't + pronoun + VP""How about + NP""Would you like to + VP"。典型的拒绝并解释原因类的惯例表达为"(No,) I'd like to, but..."。"I'd like to..."通常被用来阐述个人意愿。在教学过程中，我们将语用惯例表达教学与言语行为教学结合起来，加深学生对语用惯例的掌握。

关于语用含意方面，如前文所述，我们采用斯珀伯与威尔逊的关联理论作为会话含义的分析框架。因此，会话含义理解过程中涉及的所有的概念都是我们的教学材料，包括语境、最佳关联、最大关联、明示信息、指称、语用模糊等。

众所周知，语言是一个传递文化信息的符号系统，因此有必要在大学英语听力课堂上讲授与二语社会及文化相关的知识。

4. 研究步骤

我们在 2016 年秋季学期的第一节课上采用多项选择语篇补全测试(MDCT)来测量受试者的语用推理能力，25 道题全部涉及语用推理，每题 1 分。然后我们采用独立样本 T 检验来检验两组被试的语用推理能力是否存在显著差异。独立样本 T 检验表明这两组受试的语用推理能力没有显著差异(t= -.480, Sig.(双尾) = .632(>. 05))。于是，我们随机将法学专业指定为实验班，国贸专业指定为控制班。表 7-3 为法学和国贸专业语用推理能力的独立样本 T 检验。

表 7-3 法学和国贸专业语用推理能力的独立样本 T 检验

分组	人数	平均数(Mean)	标准差(SD)	T值	P值(双尾)
法学专业	65	12.9848	2.20135		
国贸专业	66	12.8000	2.20227	-.480	6.32

同时，我们采用2015年6月的第一套四级真题对这两组被试者进行了听力水平前测，听力理解部分有25道选择题，为了统计方便，我们将每道题的分值设为1分，共25分。然后我们在大学英语听力课堂上实施了为期一个学期的语用推理能力培养实验，实验时间为16周，每周2节课，共32学时，实验班和控制班的上课步骤基本一致，用第一节课完成规定的教学任务，第二节课留出30分钟进行显性语用推理能力培养。在教学方法上，控制班采用原有的教学模式，而实验班采用本次实验的模式——先给他们传授相应的语用知识，然后引导他们进行相关的语用推理练习，以训练他们对会话含义的感知能力。教师先用中英两种语言提供必要的元语用信息，然后根据当堂所授的元语用信息指导学生进行相应的语用推理练习。实验结束后，我们立刻对学生进行了随堂后测，后测所使用的试题与前测一样，这样我们就可以避免由于试题难度不同而造成的干扰。后测完成后我们对这两个班的前后测成绩进行了独立样本T检验，以检验显性语用教学的效果。

最后，我们对实验班的被试者进行了面访，以了解被试者对该种教学策略所持有的态度。

（三）结果和讨论

表7-4为实验班/控制班前、后测成绩的独立样本T检验

表7-4　实验班/控制班前、后测成绩的独立样本T检验

分组	人数	平均数（Mean）	标准差（SD）	T值	P值（双尾）
国贸专业前测	65	8.2615	2.72303		
法学专业前测	66	8.4697	2.99343	-.416	.678
国贸专业后测	65	11.1846	2.66864		
法学专业后测	66	14.8182	3.64126	-6.506	.000

对控制班和实验班的前测成绩所做的独立样本T检验表明实验前这两组受试的听力水平没有显著性差异（t=-.416，Sig.（双尾）=.678（>.05））。这也为我们进行教学实验奠定了基础。试

验结束后，对控制班和实验班的后测成绩进行了独立样本 T 检验，t 值为 -6.506，Sig. 值为 0.000（< 0.05），这说明这两个班的后测成绩存在显著性差异，即表明我们的实验处理发生了作用。于是，可以得出以下结论：显性语用推理能力培养能够有效提高学生的听力理解水平。

在实验结束后我们对实验班和控制班的前后测成绩分别做了配对样本 T 检验，两组的配对样本统计量如表 7-5 所示。

表 7-5　实验班 / 控制班前、后测成绩的配对样本 T 检验

分组	人数	平均数（Mean）	标准差（SD）	T值	P值(双尾)
国贸专业前测	65	8.2615	2.72303		
国贸专业后测	65	11.1846	2.66864	-20.742	.000
法学专业前测	66	8.4697	2.99343		
法学专业后测	66	14.8182	3.64126	-27.359	.000

根据表 7-5 所示的配对样本统计量得知，实验班和控制班的后测成绩都高于前测成绩，其中控制班的后测平均值为 11.1846，实验班的后测平均值为 14.8182，P 值皆为 0.000（< 0.05），这说明两个班的后测成绩与前测成绩相比较都有明显提高。控制班成绩提高的原因有以下两个。其一，由于前后测使用的是同一份试卷，学生对听力材料的内容比较熟悉。其二，经过一个学期的学习，学生的英语水平包括听力水平都得到了提高，这是正常学习的结果，符合英语水平提高的一般规律。结合所有表的数据，我们认为实验班成绩提高的原因也有两个：第一个是试卷原因，第二个则是实验处理的结果。

实验结束后，我们对实验班的学生进行了随机面访，以了解他们对该次实验的态度。面访结果佐证了实验结果，90% 的受访者认为在听力课堂进行显性语用教学可以有效提高他们的语用推理能力。

（四）结论

本研究旨在大学英语听力课堂通过显性语用教学培养学生

的语用推理能力。首先,通过分析大学英语四级真题,我们归纳出了语用推理过程中所涉及的重要语用知识;然后,我们采用显性语用教学的方法在大学英语听力课堂实施了教学实验。实验结果表明:该方法不但能够输入语用知识,提高学生的语用意识,而且能够提高他们的语用推理能力,进而提高他们的听力理解水平。然而,该研究仍存在一些问题。其一,该研究采用的是传统的前测—实验—后测模式,后测是在教学实验结束后立刻进行的,因此无法验证该实验结果的时效性。在以后的实验中,我们将尽量采取延时后测的方法,以使实验结果更具说服力。其二,对于那些毫无英语语言学和语用学基础的学习者而言,在 32 个学时内要接受并消化大量的语用知识难度是相当大的,所以实验结束后我们仍会在实验班进行延续性练习,帮助学生巩固学习成果。

第八章　认知语言学理论指导下的大学英语教学改革

语言与认知有着紧密的关系，无论是语言的产生、习得还是发展，都与认知紧密相关，可以说语言的学习就是一个认知的过程。随着语言学的发展，20世纪70年代到20世纪80年代，语言学界出现了一种把语言和认知作为特殊研究领域的趋势，这种趋势促使认知语言学产生。认知语言学是基于认知视角对语言进行研究的一门学科，其强调认知与语言之间的紧密关系，认为认知是对世界经验进行组织的结果。认知语言学理论有着广泛的应用，其在大学英语教学中也发挥着重要的作用，将认知语言学理论运用于大学英语教学，对提升大学英语教学的质量、促进大学英语教学的改革与发展起着重要的作用。本章将对认知语言学理论指导下的大学英语教学改革进行详细论述。

第一节　认知语言学的定义

认知语言学是认知科学的一个重要分支，也是认知心理学与语言学相互渗透形成的边缘学科，其从崭新的视角揭示语言的本质，探索语言和认知的关系。

一、认知

“认知”一词的英文表述是 cognition，该词源自拉丁语 cognitio，指的是人类学习或获得知识的过程。关于认知的定义，一直未形成统一的认识，可谓众说纷纭。

《辞海》（1989；1999）中对认知的解释是，认知就是认识，指人类认识客观事物、获得知识的活动，包括知觉、记忆、学习、言语、思维等问题解决等过程。

《现代汉语词典（第5版）》对认知下的定义为：认知是通过思维活动认识、了解。

美国心理学家休斯敦（T. P. Houston）总结了认知心理学关于认知定义的五种认识：（1）认知是信息加工；（2）认知是心理上的符号运算；（3）认知是解决问题；（4）认知是思维；（5）认知是包含感知觉、记忆、想象、概念形成、范畴化、判断、推理、思维及语言运用在内的一组能动的活动。① 其中，（1）和（2）属于“信息加工论”，把人脑等同于电脑，但这与认知语言学关于认知的理解并不相符；（3）和（4）认为思维是认知的核心；（5）是广义认知语言学关于认知的理解。由此可知，认知的定义有狭义与广义之分。但无论是狭义的认知定义还是广义的认知定义，都将思维看作认知的核心，认为思维是信息加工过程中的最高级阶段，是在感知觉、表象、记忆的基础上形成，而又反过来影响它们的过程。

桂诗春（1991）认为，认知是一个内在的心理过程，是知识的习得与使用。

田运（1996）认为，认知是直接依靠主体感知能力和思维能力，而不借助实践手段认识客观事物的过程。②

通过上述定义可以看出，语言是一种认知活动，是认知的重要组成部分，语言理解与运用的过程就是认知处理的过程。语言是对客观世界进行互动体验和认知加工的结果，由于认知活动本身难以观察，因此语言就成为观察与研究认知的一个重要窗口，由此也就形成了认知语言学的核心原则：现实—认知—语言。

① 转引自白雅，岳夕茜．语言与语言学研究[M]．昆明：云南大学出版社，2010：217.

② 田运．思维词典[M]．杭州：浙江教育出版社，1996：93.

二、认知语言学

作为语言学科的一个新兴门类，认知语言学主要就是用认知的观点来解释“语言”同“认知”之间的关系的。当然，还有一些学者基于自己的理解对认知语言学的含义进行了界定。下面对国内外学者的一些有代表性和影响力的观点进行具体分析。

莱考夫和约翰逊(1999)在《体验哲学》(*Philosophy in the Flesh*)，一书中对认知语言学的解释是：认知语言学是一种语言学理论，该理论意图用第二代认知科学的发现来解释尽可能多的语言。就其本身而言，它吸收了第二代认知科学的研究结果，但不承袭任何一种成熟的哲学理论假设。其假设是方法论假设，即用恰当的方法得出最全面的归纳，寻求更广泛的趋同性证据，将语言学理论和思维与大脑的实验发现结合起来。

我国学者束定芳认为，认知语言学属于认知科学的一个分支，是认知心理学与语言学相结合的边缘学科。他认为，认知语言学的基本理论和思想最初引进我国是语言学界基于寻求与语法描写和解释充分性的需求相适应这一目的，并且认知语言学的引进为语言学的研究提供了崭新的视角。

总体来说，认知语言学将语言视为一种认知活动，并从人的角度出发研究语言的形式、意义及规律，是利用人类的经验和感知与概念化外部世界来研究语言学的学科。它强调人类认知能力的参与作用，认为语言无法直接反映客观世界，必须借助认知这一中间层次进行加工处理后方可。

第二节　认知语言学理论概述

在认知语言学中，范畴化、转喻、隐喻、意象图式与心理空间等是其研究的中心话题。本节将对认知语言学的这些核心理论进行分析和探讨。

一、范畴化

早在古希腊时期，哲学家亚里士多德就涉及过对范畴的论述，他在《形而上学》(*Metaphysics*)一书中指出，“人”具有两个基本特征，即“两足(TWO-FOOTED)”和“动物(ANIMAL)”，这是[人]范畴成员必备的两个特征，如果缺少其中任何一个特征，都不能归为[人]的范畴，而同时具备了两个特征，就可以归入[人]的范畴。这一论述对经典范畴理论的发展起到了重要的推动作用。

到20世纪中后期，人类学家与心理学家开始对范畴进行更进一步的研究，他们的研究使得人们的范畴观产生了巨大变化。罗施的范畴研究对基本层次范畴理论的建立提供了重要依据，他还将范畴划分为横向与纵向两个维度，其中原型理论属于横向维度，基本层次范畴理论属于纵向维度。

横向关系指的是范畴内各成员之间的关系是平行并列的。例如：

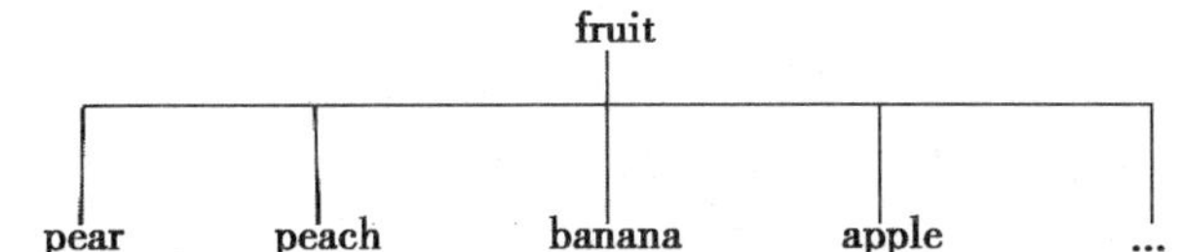

上述pear，peach，banana，apple都属于fruit范畴，pear的作用是作为水果的原型而出现的，继而拓展出peach，banana，apple等。横向关系中的重要理论就是上文提到的原型理论。

纵向关系是指范畴内各成员之间是垂直关系，或称上下级关系。例如：

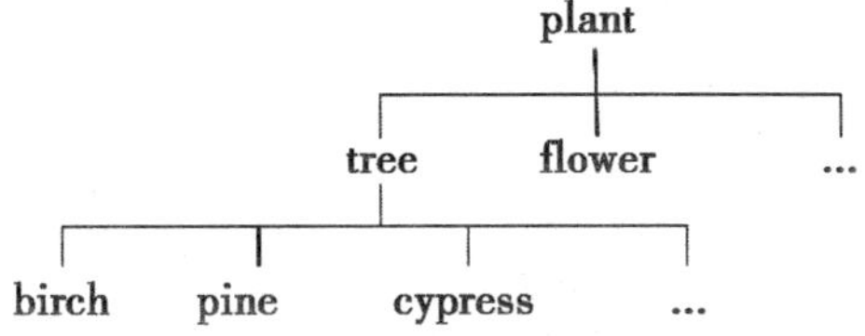

在这个垂直关系中，这三个层次以中间的基本层次（tree 和 flower 等）向上和向下进行扩展，向上扩展属于 plant，基本层次 tree 向下扩展可得到 birch，pine，cypress 等更为详细的分类。

在纵向层次中，以基本层次为中心，上移则是上位范畴，下移则是下位范畴。因此，根据范畴的纵向关系，可以将范畴分为以下三个层次：基本层次范畴、上位范畴和下位范畴。以下就对这三个层次展开论述。

（一）基本层次范畴

所谓基本层次范畴，是指那些可以满足人类认知需要和最能突显文化的范畴。基于基本层次范畴，人类可以感知“事物”的最大不同。例如，作为基本层次范畴的“桃”与其他范畴（如毛桃、油桃、水蜜桃等）都不相同，但是仍然可以与苹果、西瓜、葡萄等一些水果类的范畴区分开来。在基本层次范畴中，人们可以发现范畴特性的最理想化结构，也可以从这个层次上找到世间万物相互作用的相关信息，因此可以说这个层次的范畴是最经济的范畴。

（二）上位范畴

上位范畴（superordinate category）缺乏具有普遍特征的整体形象，这也是其最显著的特征。具体来讲，上位范畴是最具概括性的范畴，各成员没有足够的共性构成一个共同的完型。因此，人们很难通过完型结构来把握上位范畴的各个成员。但是，这并不意味着无法认知上位范畴。通常，人们都是从基本层次范畴提取一些特征，用于上位范畴。例如，关于水果这一上位范畴的特征，人们可以从它的基本层次范畴中提取相关的特征：“柠檬”口味酸甜，“西瓜”多汁等。从这个方面来看，上位范畴又可被称为“寄生范畴化”。

（三）下位范畴

下位范畴（subordinate category）是层次范畴的进一步细分。通过下位范畴，人们可以感知基本层次范畴成员之间的差异。下位范畴的形态多是复合形式，结构相对复杂，只有分析其语义框架才能了解语义特征。例如，了解 apple juice 这一复合形式，就要分析其语义框架，也就是分别对 apple 和 juice 进行分析，其中 apple 为 apple juice 提供的特征是：用苹果制作，口感酸甜，富有维生素，有益于身体健康；juice 则为 apple juice 提供的特征为：液体不含酒精，有解渴的功效。

关于基本层次范畴、上位范畴、下位范畴之间的联系与区别，以下通过表 8-1 来进行说明。

表 8-1 基本层次范畴、上位范畴、下位范畴之间的联系与区别

范畴种类	参数				
	完型	属性	范畴结构	功能	语言形式
基本层次范畴	普通完型	大量的范畴属性	原型结构	指向世界的“自然”通道	短小的单语素词
上位范畴	没有普通完型	一个或者很少的范畴属性；凸显的普遍属性	家族相似性结构	聚合与凸显功能	多为较长的复合语素词
下位范畴	几乎一致的完型	大量的范畴属性；凸显的具体属性	范畴成员之间高度的同源性	具体指向功能	复合语素词

（资料来源：Ungerer & Schmid，2001）

二、转喻与隐喻

在认知语言学中，转喻与隐喻是人类重要的认知手段，涉及的是思维层面的问题。下面就对转喻与隐喻进行说明。

（一）转喻

转喻（metonymy）最初被看作一种修辞手法，相当于汉语中借代修辞。转喻的认知本质随着认知语言学的发展被人们发现，实际上转喻不只是一种修辞工具，更是一种认知机制。转喻具有两种表征形式，即部分与部分之间的转喻以及整体和部分之间的转喻。

1. 部分与部分之间的转喻

部分与部分之间的转喻包括多种形式，这里主要介绍以下几种。

（1）知觉转喻。知觉在人类的认知世界里起着非常重要的作用。知觉是有意图的，知觉转喻与行为转喻可以进行交叉分类。

（2）行为转喻。行为转喻主要涉及行为者与谓语要表达的行为间的关系。

（3）因果转喻。原因和结果相互依存，一个隐含另一个。理论上，因果转喻会产生相互转换。

（4）地点转喻。地点常与生活于该地点的人、位于该地点的著名机构、发生在该地点的事件、该地点生产的产品和从该地点运输的产品有联系。

2. 整体与部分之间的转喻

整体与部分之间的转喻包含多种形式，这里主要介绍以下几种。

（1）构成转喻。构成转喻涉及构成物体成分的物质或材料。

（2）事件转喻。事件可以被隐喻地视为事件的各个部分。

（3）事物及部分转喻。事物及部分转喻可以分为两个转喻变体。

（4）范畴及属性转喻。属性既可以被隐喻地视为拥有的物质（属性是拥有）也可以转喻地被视为物体的部分。

（二）隐喻

隐喻是指用一个概念来识解另一个概念，其涉及两个概念之间的对比。认知语言学家通常将隐喻分为方位隐喻、结构隐喻和实体隐喻三种类别。下面主要对这三种隐喻进行分析。

1. 方位隐喻

方位隐喻（orientional metaphors）是指给概念一个空间方位，它以连接隐喻两部分的经验为基础，连接动词 is 作为隐喻的一部分应被看作将两端不同经历连接起来的媒介。[①]

2. 结构隐喻

结构隐喻（structural metaphors）是指一个概念可以以另一概念隐喻地构建起来。通过结构隐喻，人们可以超越指向性和所指，还可以通过一个概念构建另一个概念。

3. 实体隐喻

实体隐喻（ontological metaphors）是指人们通过实际的经验和物质实体，为观察事件、活动、情感和思想等实体和材料提供了基本方法。

三、意象图式

（一）意象图式的定义

关于意象图式的定义，约翰逊（1987）指出，意象图式是通过感知的相互作用和运动程序获得的对事物经验给以连贯和结构的循环出现的动态模式。[②]

欧克利（Oakley，2007）认为，意象图式是为了把空间结构映射到概念结构而对感性经验进行的压缩性的再描写。[③]

---

① 廖美珍．语言学教程（修订版）精读精解[M]．成都：西南交通大学出版社，2009：183.
② 同上，第 108 页．
③ 李福印．认知语言学概论[M]．北京：北京大学出版社，2008：189.

（二）意象图式的内容

意象图式的内容包含以下几个方面。

1. 路径图式

路径图式涉及从一点到另一点的生理或隐喻移动，其组成部分包括起点、终点和系列中间各点。

2. 标量图式

量标图式涉及生理或隐喻数量的增加与减少，如物理数量、数量系统的属性等。

3. 垂直图式

垂直图式涉及“上”和“下”关系，如爬楼梯、直立、看旗杆等。

4. 连接图式

连接图式由两个或两个以上由生理或隐喻连接起来的实体组成，如孩子牵着爷爷的手等。

5. 中心—边缘图式

中心—边缘图式涉及生理或隐喻的中心与边缘，从中心到边缘的距离范围，如个人的知觉范围、个人的社会范围等。

6. 部分—整体图式

部分—整体图式涉及生理或隐喻的整体与部分的关系，如家庭成员、整体与部分、印度种姓等级等。

四、心理空间

美国语言学家福科尼尔（Fauconnier，1984）提出了心理空间理论，其《心理空间：自然语言语义构建面面观》的出版更是推广了心理空间理论，并受到了人们的广泛关注。

（一）心理空间的定义

福科尼尔和科尔森（Fauconnier & Coulson，1999）认为，心理空间是储存某特定域信息的临时性容器。

福科尼尔和特纳（Fauconnier & Turner，2002）认为，心理空间是人们在进行思考、交谈时为了达到局部理解与行动的目的而构建的小概念包。[①]

福科尼尔将心理空间分为了不同的类型，具体包括域空间、时间空间、时态和语态空间以及假设空间。

（二）心理空间的整合

心理空间的整合是指多个空间之间的相互作用、相互关联。整合理论是基于心理空间提出的理论，它是指两个或两个以上的心理空间通过投影整合为一个崭新的空间。

空间的整合可以通过图式的方式来表示，在图式中，圆圈表示心理空间，圆点表示要素，线条表示空间各个要素之间的关系，长方形后圆圈里的图标表示心理空间中的框架结构。心理空间整合具体包含以下几种情况。

1. 跨空间映射

一个心理空间的整合最少要包含两个输入空间，这两个输入空间中的相应元素间存在部分映射关系，空间的整合以跨空间映射的方式来表现心理空间的整合，如图 8-1 所示。

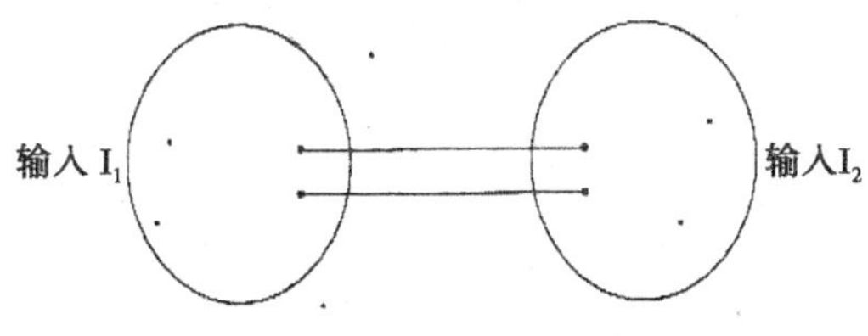

图 8-1　跨空间映射

（资料来源：胡壮麟，2007）

① 李福印．认知语言学概论[M]．北京：北京大学出版社，2008：169.

2. 类属空间

类属空间映射到两个输入空间，类属空间包含了输入空间所共有的部分，如一些抽象结构与组织，并定义跨空间映射的核心内容，如图 8-2 所示。

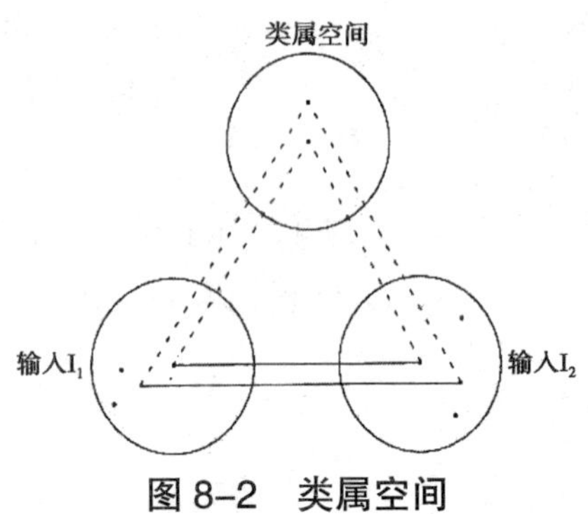

图 8-2 类属空间

（资料来源：胡壮麟，2007）

3. 合成空间

两个输入空间部分地投射到第四空间，即合成空间，如图 8-3 所示。

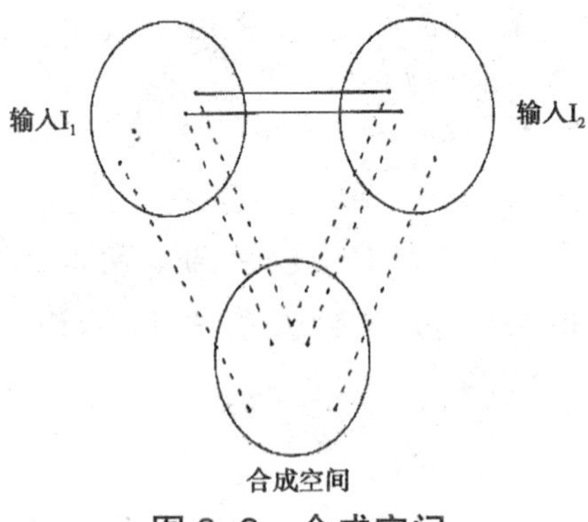

图 8-3 合成空间

（资料来源：胡壮麟，2007）

4. 层创结构

心理空间的整合还以层创结构体现出来，如图 8-4 所示。

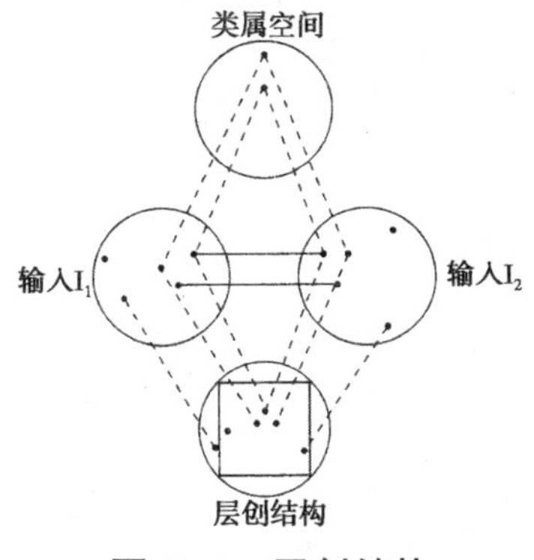

图 8–4　层创结构

（资料来源：胡壮麟，2007）

第三节　认知语言学理论在大学英语教学中的应用

认知语言学是从语言的认知能力与运用能力来确定人们的语言能力，将认知语言学运用在大学英语教学中，教师可充分利用学生的认知能力来教授语言的相关知识，而且可以通过列举具体事实的方式来开展教学活动。这种教学方式改变了传统语言教学中将语言的字面意思及其相关知识作为教学重点的模式，使得教学更加深入。

一、认知语言学理论在大学英语词汇教学中的应用

（一）概念隐喻理论在词汇教学中的应用

“隐喻是用一种事物暗指另一种事物，它具有多义性和创造性等特征。”[①] 人们可以通过概念隐喻来认知世界，隐喻有助于人们理解新词、分辨多义词的含义和掌握词汇的运用，所以将概念隐喻理论运用于英语词汇教学中，将对英语词汇教学起到重要的

① 黄芳．象似性理论及其在大学英语词汇教学中的应用[J]．外语教学，2007，（22）：218.

指导作用。

隐喻是词汇创新的一个重要方式，它的存在使词汇含义更加丰富多彩，语言表达更加生动形象。例如：

snow-white 雪白的

pitch-dark 漆黑的

green horn 新手（最初指“犄角尚嫩的小牛”）

（二）意象图式理论在词汇教学中的应用

一词多义现象在英语中很常见，通常学生只知道某词的一两个含义，遇到其他含义时就会不知所措，所以多义词就成了学生词汇学习的难点。然而，英语词汇的多个意义是相互联系的，很多意义是从其基本意义中引申出来的。例如：

flight（*n.*）：

（1）action or process of flying through the air 飞行

（2）ability to fly 飞行的能力

（3）movement or path of a thing through the air 飞行路线

（4）aircraft making such a journey 班机

（5）swift passage，esp. of time 飞逝（尤指时间）

可以看出，多义词的不同意义之间有着密切的联系，而将意象图式理论运用于英语词汇教学中，将对词汇教学起到重要的引导作用。具体而言，教师讲解多义词时，可以先讲解每个含义的意象图式基础，引导学生寻找它们产生的根源，进而基于意象图式理解每个意义。在英语词汇教学中运用意象图式理论，可有效激发学生学习的兴趣，还能提高学生的转喻能力。当学生在遇到类似的多义词时，就能根据已经形成的意象图式对词义进行推测和分析。

二、认知语言学理论在大学英语语法教学中的应用

（一）强调语法规则的体验性

语法规则有一定的体验性。认知语言学认为，人类的认知不是客观世界的直接反映，而是需要人的身体来完成对世界的反映，所以具有一定的体验性。语言是人类认知的一部分，所以语言也具有一定的体验性。同理，英语语法学习本身就是一个认知过程，因为语法规则也具有一定的体验性。[①] 因此，教师在英语语法教学中，可以通过课堂展示，指导学生用手势或其他肢体动作去体验语法规则，帮助学生理解和记忆。例如：

（1）He jumped over the wall.

（2）The students ran across the playground into the classroom.

（3）They often drive through the forest.

教师在讲解上述 over, across 和 through 三个介词的语法规则使用时，可以通过手势帮助学生对它们加以了解和区分："手放开，胳膊向上拱起超越某物" 表示 over; "手放平，手掌向下平扫过地面"表示 across; "手用力向前推"表示 through。通过手势，学生可以确实感受这三个介词的空间概念和空间差异，进而切实掌握其具体使用情况。

（二）加强英汉语言思维表达方式的对比分析

因历史背景、价值观念等的不同，英汉语言与文化之间有着显著的差异，这种差异在语法上主要体现为思维方式的差异。所以，在使用语言时，要充分了解目的语文化和认知方式，这一观点同样适用于英语语法教学。具体来讲，在英语语法教学中，教师

① 文秋芳．认知语言学与二语教学[M].北京：外语教学与研究出版社，2013：46.

要引导学生充分考虑英语国家人们的思维方式和认知方式，并对比英汉思维方式和语法规则，从而使学生准确理解和掌握英语语法规则。

这里主要对英汉语言中的一些常用表达方式差异进行对比分析。

（1）对地址的写法，汉语是从最大范围开始，然后到最小的细节；相反，英语是从最小的细节到最大的范围。例如：

中国河北省石家庄市学院路5号

No. 5 Xueyuan Road, Shijiazhuang City, Hebei Province, China

（2）英汉思维方式差异也表现在句子结构上。汉语通常将表示地点、时间、方式等修饰成分放到句子较前的位置。英语一般将主语、谓语等主要的部分放到句子较前的位置或者句子的主要位置上，然后再跟上定语、状语、补语等其他修饰成分。例如：

昨天早上老李急急忙忙骑车来看我。

Lao Li came to see me in a great hurry yesterday morning by bike.

三、认知语言学理论在大学英语阅读教学中的应用

图式理论在阅读教学中发挥着重要作用。所以，下面就来研究基于图式理论的英语阅读教学。

（一）基于图式理论的英语阅读教学

基于图式理论的英语阅读教学就是读者在阅读过程中通过自身背景知识与阅读材料相互作用的过程。英语阅读理解是一个极为复杂的心理过程，在这个过程中，读者大脑储存的语言知识图式与背景知识图式相互作用，并不断地对新输入的信息加以验证、分析和推断，直到完成所有文本的解码。可见，掌握了阅读

的心理与思维规律将会大大提高英语阅读理解的效果。[①]

具体而言，在英语阅读教学中利用图式理论可帮助学生消化文章的内容，集中学生的注意力，帮助学生对信息进行梳理概括，进而掌握新的知识。

目前，很多教师都将英语阅读教学的重点放在背诵词组、分析长难句和讲解语法上，过分强调阅读理解的标准答案，这就属于仅强调语言图式的表现。实际上，英语阅读教学要注重对学生阅读能力的培养。因此，在阅读教学过程中教师既要加强对学生语言基本功的训练，又要增加篇章结构知识的讲解，同时要不断丰富学生的文化背景知识。图式就是实现这些目标的基础。

总而言之，图式理论对英语阅读教学的方方面面都是必要的。

（二）认知语言学理论下的阅读材料选择

英语阅读教学是一种重要的语言输入方式，认知语言学理论认为，语言输入的过程应该符合以下三个原则。

1. 理解性原则

英语阅读教学的目的之一在于提升学生的语言理解能力，但这种能力的提升不是一蹴而就的，需要学生和教师付出很多的努力。阅读材料是英语阅读教学开展的基础，所以选择合适的阅读材料是教师的重要任务。教师在选材时首先要遵循理解性原则，也就是所选择的阅读材料要符合学生的语言水平和认知特点，不能太难，也不能太容易。最好是选择稍高于学生整体认知水平的阅读材料，这样的阅读材料能够有效激发学生的挑战兴趣。

在英语阅读教学过程中，教师要多准备一些阅读材料，以便扩大学生语言接触的数量，丰富学生的语言储备，从而为学生今后的英语交际打下坚实的基础。

① 那剑．认知语言学在英语阅读理解中的应用研究[J]．西南农业大学出版社，2012，（11）：166.

2. 数量性原则

确保语言输入的数量是提高阅读理解能力的前提条件。由于阅读材料具有多学科性、多层次性的特征，因此在阅读教学中要遵循数量性原则，这对学生认知语言程度的提高有重要影响。

由于语言的学习在一定程度上需要机械性、重复性的刺激，因此教师要让学生多接触一些阅读材料，这样才能保证学生语言习得的效果。

3. 趣味性原则

认知语言学理论还强调教师选择阅读材料时要遵循趣味性原则。教师要充分了解学生的认知情况和语言水平，然后据此选择一些富有趣味性的阅读材料。这样的阅读材料能有效激发学生的阅读兴趣，能够促使他们全身心地投入阅读活动中，学生的阅读理解能力也能随之提高。

总体而言，对认知语言学及其相关理论进行研究，可以更加深入地了解语言与认知等方面的内容。而且，将认知语言学理论运用于大学英语教学实践，可以更好地指导大学英语教学，提高大学英语教学的效率和质量，促进大学英语教学的改革与发展。

第九章　系统功能语言学理论指导下的大学英语教学改革

英国著名语言学家韩礼德(M. A. Halliday)从社会学的角度出发，用功能语法来研究语言，建立并发展了20世纪最具影响力的语言学理论——系统功能语言学。这一语言学理论不仅研究语言的性质、语言的共同特点和语言的过程，而且研究语言学的应用问题。系统功能语言学理论的影响巨大，而且已经延伸至与语言学相关的各个领域，如语言教学、文体学、社会语言学等。其中，在语言教学领域，系统功能语言学理论发挥着显著作用，其对提高语言教学的效率发挥着重要指导作用。在教学改革背景下，大学英语教学应引入系统功能语言学理论，以此来指导大学英语教学更好地改革与发展。

第一节　系统功能语言学的定义

系统功能语言学形成于19世纪60年代，至今已有50多年的历史了。系统功能语言学在语言的系统、功能、意义等方面均取得了丰硕的研究成果，此外在其指导下的应用性研究也取得了长足的进展。

韩礼德在伦敦学派奠基人弗斯(Firth)的语言学思想基础上发展和创立了系统功能语言学，成为当今世界上主要的语言学流派之一。系统功能语言学从社会学角度出发，用功能方法研究语言。

实际上，韩礼德所提出的系统功能语言学是对英国伦敦学派的继承和发展。韩礼德继承了弗斯提出的语义思想、语境思想，并认为语言的意义和形式是通过语境来支配的，并且语言的意义是语言研究的重点。韩礼德在自己的博士论文中就提出了“情景语境”的概念、以小句为基本单位的语句分析，而这些就是系统功能语言学思想萌芽的体现。随后，韩礼德初步分析了以解释语言成分之间各种复杂关系为主要目的的框架，称为“阶与范畴语法”，该理论框架在韩礼德的论文《现代汉语的语法范畴》中进行了详细的论述，同时在《语法理论范畴》一文中正式定型。

韩礼德在语言的研究中非常重视语言的社会学意义。他认为，语言是“能够做的事情的范围”，并且指出系统功能语言学是基于功能和语义研究的语言学，目的是对经验的语言和创造性的语言加以解释，同时分析语言在实际生活中的应用情况。韩礼德认为，将社会学和理论学相互结合和充分研究，对语言学的健康发展十分有利，而且多次强调要用符号学的观点对语言加以解释。他指出，文化是由许多符号系统构成的意义潜势，语言只是体现社会符号学的许多方式中的一种。但语言作为一种特殊的符号系统，是人们赖以生存的重要手段，也是通往高级符号的重要工具。无论是哪一种语言，都有其特殊的逻辑关系，都关乎一个民族文化的最有价值的符号系统。韩礼德指出，语言与其存在的社会情境密切相关，语言不可能脱离特定的社会文化而独立存在。语言是一种社会行为，人们通过语言进行社会交往。

总体而言，韩礼德的系统功能语言学继承了语言学的思想，同时着眼于语言的功能性，强调语言使用的社会性，以语言使用的倾向或原则为己任。

第二节　系统功能语言学理论概述

韩礼德将语言看成一个系统，认为语言与典型的社会环境有着不可分割的关系。因此，系统功能语言学由两部分组成——系统语言学与功能语言学。韩礼德的系统功能语言学有两个重要的关键词：一是系统，二是功能。本节将从这两个方面来分析系统功能语言学理论。

一、系统观

（一）系统观的形成

语言学家弗斯最早提出了“系统”这一概念，他将语言之间的聚合关系称作“系统”，将语言之间的组合关系称作“结构”，并对“系统”和“结构”这两个概念进行了区分。他利用系统和结构二者之间的纵横关系建立起一套分析语言的基本框架。而且这种综合交错的关系组合最终形成了一个复杂的语言体系。在话语中，各个语言成分通过不同的组合关系构成一个结构框架，如不同的音段组合成一个音节，继而组成词语、词块、小句或完整的句子、段落和语篇。这一种组合是横向平面的结构关系。从另一个角度而言，同一个结构层的语言成分通过纵向聚合，可以形成立体的语言系统。结构层展示的是各类语言实体，即各种文体的语篇。当具体的语篇聚合之后，会形成不同的语篇体裁，表现出不同的体裁特征。系统与结构紧密相连，二者相互印证、相互牵制，形成完成的语言体系。

韩礼德把语言看作一个意义潜势系统，认为语言系统是由很多系统组成的，而且各个系统之间既可以相互依赖，也可以独立并存。相较于系统和结构，韩礼德更加重视系统，也正是基于对系统的侧重，最终将该理论命名为系统功能语言学。尽管系统功能语言学注重系统和功能，但系统与结构也密不可分。可以说，系统功能语言学是涵盖了结构与功能的社会语言学理论。

（二）系统与语篇

韩礼德认为，语言系统和语篇是同一现象，是在不同时间深度观察的同一现象。他用气候和天气来比喻系统和语篇的关系：气候和天气是同一事物不同角度的解读。气候是抽象的，是泛指一段时间内的天气总和，而天气是具体的，是气候投射到一定时间段内的具体表现。韩礼德把气候比喻成语言系统，把天气比喻成具体语篇，说明语言系统和语篇是同一事物现象的不同视角解读。语言系统是个泛指的概念，也是一个抽象的概念，投射到具体的语言环境中即表现为语篇。这种语篇可以是书面的，也可以是口头的，或者是以声音或图像的方式，甚至是以动作的方式呈现的。语篇是语言系统的具体表现，是一种例示。语言系统解释语篇背后隐含的规律或联系，而具体的规律则是通过不同的语篇表现出来的。

系统和语篇之间的关系是一种示例关系，因此就语言而言，系统依靠语言存在，语篇也依靠语言存在。语言系统要通过语篇加以体现，语篇也要依据语言系统背景加以准确理解。例如，对于“The bell is ringing.”这样一个简单的语篇，如果其单独出现就是一个简单的陈述句，其含义是“铃声响了”。但如果语言背景是教师对学生所说的话，那么这一简单的语篇则表示一种警告：开始上课了，请做好准备工作。换言之，如果不了解这一语篇背后的语言系统，也就不可能准确理解其表达的意义和功能。

系统与语境、系统与示例如图 9-1 所示。

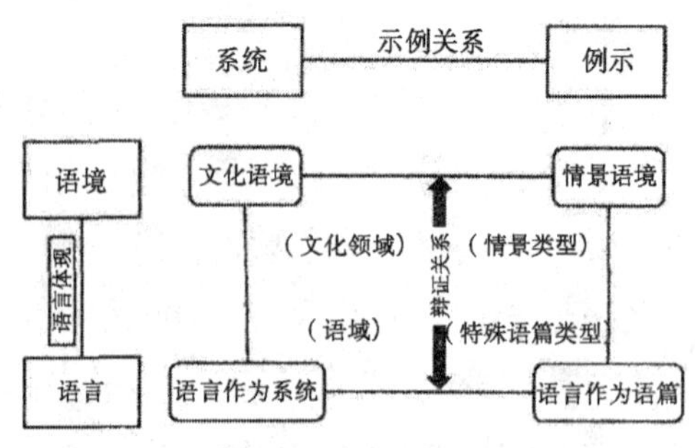

图 9-1　系统与语境、系统与示例

（资料来源：邵艳红，2017）

横向来看，作为语篇的语言和作为系统的语言同处一个层面。情景语境和文化语境也同处一个层面,二者形成结构层面的组合关系。纵向来看,语境通过语言加以体现。从系统层面来看,语言作为系统体现了文化语境。从例示层面来看,语言作为语篇体现了情景语境。它们是基于系统的聚组合关系。韩礼德把文化语境看作语篇体裁的环境,把语言作为系统看作语域的环境,意味着他把语域看成语篇体裁的次系统,语篇体裁需要借助语域才能实现,但是语篇体裁和语域都需要借助语言才能实现。

二、功能观

韩礼德认为,交际是语言在社会中使用的主要目的,从功能角度来研究语言,主要出于两点原因:一是揭示语言如何使用,二是建立语言使用的基本原理。韩礼德的功能观具体体现为他所提出的三大“纯理功能”,即概念功能、人际功能、语篇功能。这一概念的提出将语言学与社会语言学和语用学融合起来,更突出了语言的社会功能性。

(一)概念功能

概念功能作用于交际中的主体与客体,指的是人们可以借助语言描述现实世界或者内心世界所发生的事以及与该事件相关的时间、地点、人物等因素。概念功能主要涉及及物性、语态和归一度,是对经验功能和逻辑功能的分析,如图 9-2 所示。

经验功能主要探讨语言的过程类型。过程可以分为六种类型,即物质过程、心理过程、关系过程、存在过程、言语过程和行为过程。不同的过程类型反映了不同的及物性意义。逻辑功能主要体现在句与句之间的逻辑——语义分析中,具体指表现并列关系或从属关系或选择关系的功能以及它们之间的各种逻辑关系。概念功能主要通过语场来体现。

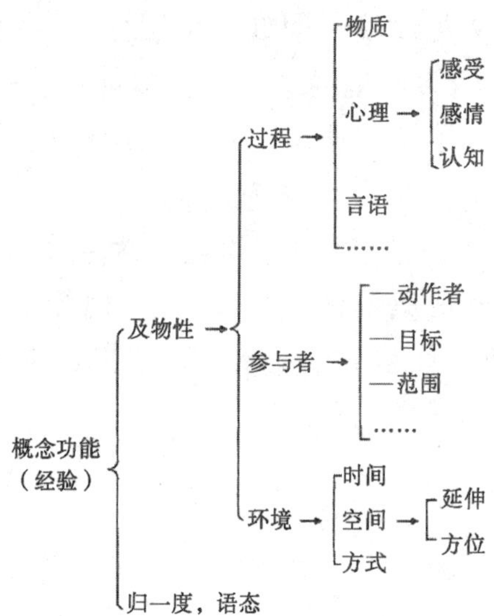

图 9–2　概念功能基本网络图示

（资料来源：胡壮麟、朱永生、张德禄、李战子，2008）

（二）人际功能

人际功能是指人们用语言来和其他人进行交往，以表达自身的身份地位，或建立和保持人际关系的一种功能，是指语言具有的社会意义。人际功能包括用语言来影响别人的观点、行为，也包括用语言来表达发话者对世界的看法甚至改变外在世界思想等。语言是人作为社会动物的有意义的活动，人使用语言的过程就表现为人与人之间的极为复杂的社会关系。语言是社会中人与人之间有意义的活动和做事的手段，必然反映人与人之间的关系。人际功能主要由语气、情态和语调来实现（图 9–3）。语言的人际功能与“语旨”相关联。

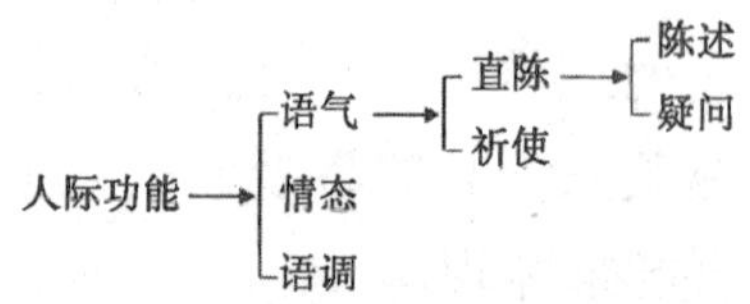

图 9–3　人际功能基本网络图示

（资料来源：胡壮麟、朱永生、张德禄、李战子，2008）

其中,英语中的陈述和提问通常都是由某种特殊的语法变化来表达的,这种变化只发生在小句的一部分上,其他部分不受影响。

情态还可以从主观与客观两个方面来表达,韩礼德将其称之为“取向”(orientation)。明确的主观取向和客观取向都是由小句来表达的。情态具有三级值,分别是高、中、低,如表 9-1 所示。

表 9-1　情态的三级值

	概率	频率	义务	意愿
高	certain	always	require	determined
中	probable	usually	supposed	ken
低	possible	sometimes	allowed	willing

(资料来源:胡壮麟、朱永生、张德禄、李战子,2008)

下面通过图 9-4 来了解一下情态的系统网络。

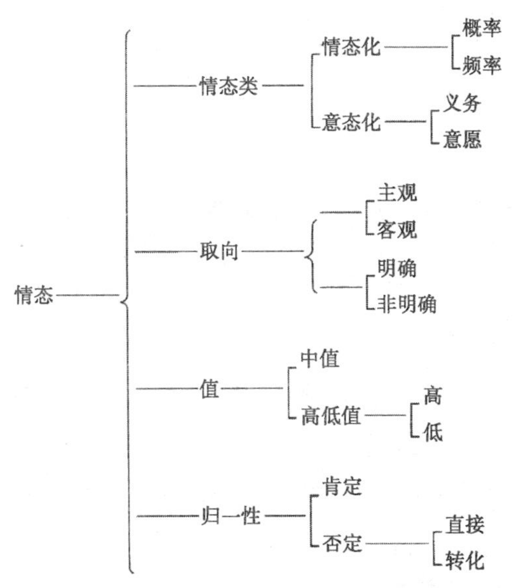

图 9-4　情态网络系统

(资料来源:胡壮麟、朱永生、张德禄、李战子,2008)

语调是人际功能中的一种重要的表现形式。语调的语义特征是由音系层的声调(tone)进行表达的,也就是“升降曲线”。

（三）语篇功能

语篇功能就是将概念功能和人际功能加以组合，辅助两种功能的意义最终实现。说话者只有将概念功能和人际功能组成语篇，它们的意义才能实现。可以说，语篇功能是所有功能的组织状态，体现了信息之间的关系，表明了人们在使用语言时是如何组织信息的。同时，语篇功能能够体现信息的传递与发送者所处的语境之间的关系。韩礼德认为，在语言交际过程中，所使用的基本单位是语篇，而不是单词、短语或句子，只有语篇才能表达相对完整的思想。语篇功能揭示了语言与语境之间的密切关系，也促使语言使用者只能生成适应于具体语境的语篇。

语篇功能主要涉及主位结构、信息结构和衔接，如图 9–5 所示。

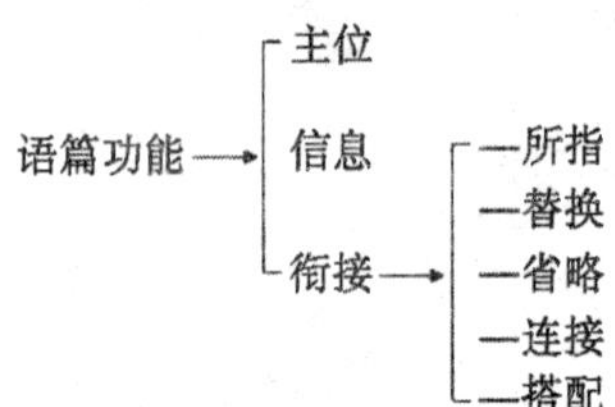

图 9–5　语篇功能基本网络图示

（资料来源：胡壮麟、朱永生、张德禄、李战子，2008）

1. 主位结构

主位是已知信息，是话语的出发点；述位是围绕主位所说的未知信息，是话语的核心内容。以主位结构的复杂程度为依据，韩礼德将其分为了单项主位（simple theme）、复项主位（multiple theme）和句项主位（clausal theme）三个类型。对于主位结构的研究需要了解整个语篇的主位推进方式，而不能将着眼点仅放在研究孤立小句所包含的主位结构上。

2. 信息结构

将语言中已知内容和新的内容组织成为“信息单元”的结构就是信息结构。已知内容是交际中已经知道或依据语境可以判断的成分，新的内容是交际中不知道的或无法依据语境进行判断的成分。信息交流可以使这两种成分相互融合。

3. 衔接

衔接指的是语篇中各个成分之间语法语义有效连接的正态关系。韩礼德把衔接分为语法衔接和词汇衔接两种。语法衔接有四种：照应、省略、替代和连接。词汇衔接也有四种：重复、同义/反义、上下义/局部整体关系和搭配。

第三节　系统功能语言学理论在大学英语教学中的应用

系统功能语言学与外语教学有着密切的联系，系统功能语言学理论的教学目标是提高与发展学生的实际交际能力，这和外语教学改革在教学目标上是一致的。将系统功能语言学理论运用于大学英语教学，将对大学英语教学质量的提高以及大学英语教学的改革与发展具有重要意义。

一、系统功能语言学理论在大学英语口语教学中的具体应用

根据系统功能语言学，语言研究的重要内容在于语言在具体语境中所表达的意义，因此在大学英语口语教学中，教师应该传授学生将语言形式转化成具体的意义。具体而言，主要从两个层面来理解。

（一）口语语篇的意义组织模式

著名学者拜盖特（Bygate）曾经指出，口语交际是交际双方进行意义协商与交流的过程。但在交际过程中，交际双方需要对交际内容、交际对象、交际时间等因素进行组织。[①]

① 转引自张德禄，苗兴伟，李学宁．功能语言学与外语教学[M]．北京：外语教学与研究出版社，2005：271.

在拜盖特看来，意义的组织需要与一定的常规相符，同时他划分了两种常规：一种是信息常规，一种是交际常规。

信息常规包含说明性质的信息结构类型与评论性质的信息结构类型，其中前者包含指令、描写等，后者包含评估、解释、判断等。

交际常规涉及服务与社会两类。

意义组织常规模式如图 9-6 所示。

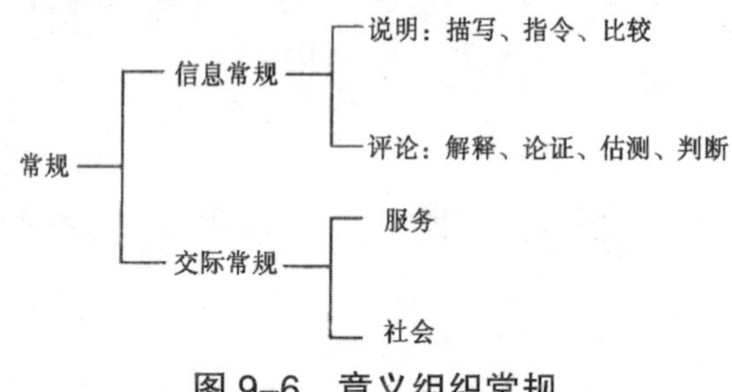

图 9-6　意义组织常规

（资料来源：张德禄、苗兴伟、李学宁，2005）

从图 9-6 可知，口语交际中对意义进行组织需要考虑两大因素：一是考虑社会文化因素，二是考虑情景因素。不得不说，这两大因素在划分体系中关联不大，并不能使交际双方组织与表达意义的过程实现动态性。

在拜盖特理论的基础上，著名学者德里万克（Derewianka，1999）进行了改进，提出了“语言模式”，这一模式解释了发话者如何在特定语境下组织意义，如何选用恰当的手段产生口语语篇。根据德里万克的语言模式可知，口头语篇的产生是一个从上到下的过程，发话者是在一定的语境下建构语篇的。根据先后顺序，可以大致分为意义的组织与表达两部分。

（二）口语语篇中的语类与语域

在特定的社会文化中，语言能够实现的功能有多少，就意味着产生的语类有多少。下面以信息语类中的叙述语类为例，分析语类在口语教学中的作用与意义。

所谓叙述语类，是指由一系列在时间顺序上开展的事件组

成,主要涉及三个部分:一是定向,二是系列事件,三是个人评论。例如:

...We went up to Noosa for the weekend and stayed with Mina—spent most of the weekend on the beach, of course. On Sunday, Tony took us out in his boat. Didn't fancy that much. Pity it's such a rooten drive back.

上述叙述语篇是个人的叙述,可以将其做如下语类分析。

(1)定向,即 We went up to Noosa for the weekend and stayed with Mina。这一部分主要向读者介绍具体的人物、地点、时间等背景知识,便于对语篇理解和掌握。

(2)系列事件,即 spent most of the weekend on the beach, On Sunday, Tony took us out in his boat. 一般情况下,系列事件会按照时间顺序来进行叙述。

(3)个人评论,即 Pity it's such a rooten drive back. 当然,记叙阶段不同,个人评论的观点也不同。

除了个人叙述之外,叙述语类还有想象叙述、事实叙述等。限于篇幅,这里不再多加赘述。总之,在口语教学中,教师应该让学生熟悉和了解某一语类的语篇,同时让他们以这种语类的语篇结构为基点来理解语篇的次要结构。

另外,在口语教学中,教师还需要让学生学会根据语域特征对语篇意义进行判断。在功能语言学理论中,情景语境包含三个部分:话语范围、话语基调、话语方式,这三个部分与概念意义、人际意义、语篇意义相对应,将这三种意义结合起来,就形成了语篇的语域特征。例如:

Customer: G'day, Maggie. Um, let's see...Got any dinner rolls?

Assistant: Sorry love. all out of them.

Customer: What about...?

Assistant: Do you want these instead?

Customer: I suppose they're okay. How much are they?

Assistant: Just the same I think.

Customer: Okay. give us half a dozen.

Assistant: Right. Here you go, love. That's $1.20.

Customer: Thanks. See you.

Assistant: Yeah.

(资料来源:张德禄、苗兴伟、李学宁,2005)

上述是顾客与服务员的对话,顾客想要购买物品,服务员在进行介绍,从中可以了解对话的语类结构为商品交换。如果从话语范围、话语基调与话语方式三个层面研究,可以对这则语篇做如下分析。

(1)从话语范围来说,这则语篇的话语范围为购物,其中 dinner rolls 是对参与者的论述和明确。

(2)从话语基调来说,这则语篇是顾客与服务员的对话,关系相对较为密切,交际属于非正式的交际,如文中的 Maggie, love 属于昵称。

(3)从话语方式来说,这则语篇属于口头对话语篇,并且在交易达成之后,道谢中有非言语行为的参与。

总体而言,系统功能语言学理论与大学英语教学有着密切的联系,将这一理论运用于大学英语教学中,对大学英语教学有着重要的指导作用,对提高大学英语教学的质量和效率有着积极的作用。

二、系统功能语言学理论在大学英语写作教学中的具体应用

将系统功能语言学理论运用于英语写作教学,对于解决英语写作教学问题、提高英语写作教学效率十分有利。

在具体的大学英语写作教学过程中,教师通常会采用多种教学模式,但这些教学模式都忽视了阅读与写作之间的密切联系。系统功能语言学强调语言交际的双向性,并且认为阅读与写作是同一个交际过程的两个基本程序。所以,将读与写紧密结合在一起进行教学可起到事半功倍的效果,因为这样可以同时培养学生

的读写能力。哈蒙德(Hammond et al.,1992)提出了读写循环教学模式,并认为完整的写作教学程序应包括建立知识场、建立主篇模式、合作创造语篇、独立创作语篇这四个阶段,具体如图 9-7 所示。

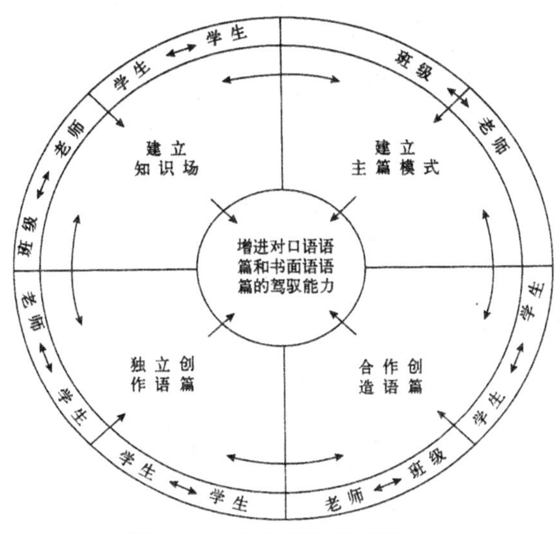

图 9-7　读写循环教学模式

(资料来源:张德禄、苗兴伟、李学宁,2005)

(一)建构相关话语范围的知识

所谓相关话语范围的知识,主要包含与主题相关的各种社会知识与文化知识。在传统的写作教学中,这一环节未引起重视,但是不得不说,这是写作教学的第一步。

在这一阶段,教师需要完成如下步骤。

(1)加深学生对各种社会文化知识的认识,通过讨论了解学生的相关经历。

(2)就话语范围知识,比较本族语和目标语的不同,使学生了解不同文化背景对话语范围产生的影响。

(3)选择和整理与话语范围相关的词汇和表达方式。

在完成上述几项任务之后,教师可以进行以下具体教学活动。

(1)准备一些语篇,这些语篇以话语范围为中心,组织学生围绕语篇进行比较、讨论,促使学生了解不同语言文化中表达类似的话题时的异同。

(2)鼓励学生相互交流自己的经历。例如,可组织学生讨论自己最喜欢的一本小说,学生可就小说的作者、故事情节、小说中的动人情节、读后的感受等进行讨论和交流。这样的活动不仅可以发散学生的思维,还可以使学生在交流的过程中扩展知识,丰富写作素材。

(3)安排学生准备与题目相关的各种物品,如图片、照片、音频、视频、书籍、实物等来建立语境。

(4)引导学生从写作的角度来阅读语篇,并发展学生辨别意义、略读、速读等技巧。

(5)教师可指导学生在阅读过程中积累和整理新的语言点,并将这些新的语言点与已经学过的内容进行联系。

(二)建立相关语类的语篇模式

在建构相关话语范围的知识后,就要着手建立相关语类的语篇模式,教师具体需要完成以下任务。

(1)对语篇进行分析,培养学生的语类意识。

(2)在语篇分析的过程中,引导学生感受语类的词汇、结构特征等,并使学生感受它们是如何服务于主题表达的。

(3)对语篇进行分析,使学生切身感受语类的社会功能。

在建立相关语类的语篇模式时,教师可以安排以下教学活动。

(1)教师安排学生阅读范文。

(2)根据语篇内容对相关背景进行推测。

(3)组织学生对语篇的框架结构进行分析。

(4)组织学生寻找相似的语篇,帮助学生发现语类结构的阶段的方法。

(5)以语类为基础,引导学生归纳一些规律性的语法模式。

(6)激发学生寻找语法模式与语类的内在联系。

（三）合作创造语篇

在此环节，学生需要做的是将主题与语类相结合，也就是使用具体的语类模式来表达某一主题。在这一过程中学生不可避免地会遇到各种问题，教师则需要从不同的方面为学生提供帮助。在教师的帮助下，学生完成了一个语篇的几个草稿或若干个合作语篇，并且在较好地掌握了语类结构和词汇语法特征后，就可以进入独立创作语篇阶段。

（四）独立创作语篇

在所有的准备工作都完成之后，学生就可以独立创作语篇了。在这一阶段，教师的角色应有所转变，应由原来的帮助者变为点评者。在具体的创作过程中，教师可开展以下教学活动。

（1）学生独立创作语篇，教师在语法模式、框架结构等方面进行辅助引导。

（2）安排学生结成对子，让学生相互评价对方创作的语篇。

（3）如果学生创作的语篇存在不足之处，教师及时安排学生修改。

（4）评价学生的语言表达，对拼写、语法、框架、主题等进行重点关注。

总体而言，系统功能语言学理论与大学英语教学有着密切的联系，将这一理论运用于大学英语教学，对大学英语教学有着重要的指导作用，对提高大学英语教学的质量和效率有着积极的作用。

参考文献

[1]《辞海》编辑委员会 . 辞海 [M]. 上海：上海辞书出版社，1989.

[2] 白人立，马秋武 . 英语词汇学习：指导与实践 [M]. 上海：复旦大学出版社，2001.

[3] 白雅，岳夕茜 . 语言与语言学研究 [M]. 昆明：云南大学出版社，2010.

[4] 蔡基刚 . 中国大学英语教学路在何方 [M]. 上海：上海交通大学出版社，2012.

[5] 岑运强 . 语言学概论（第 4 版）[M]. 北京：中国人民大学出版社，2015.

[6] 岑运强 . 语言学基础理论（修订版）[M]. 北京：北京师范大学出版社，2005.

[7] 曾文雄 . 语用学翻译研究 [M]. 武汉：武汉大学出版社，2007.

[8] 崔希亮 . 语言学概论 [M]. 北京：商务印书馆，2006.

[9] 戴炜栋，束定芳，周雪林，陈夏芳 . 现代英语语言学概论 [M]. 上海：上海外语教育出版社，1998.

[10] 高名凯，石安石 . 语言学概论 [M]. 上海：中华书局，1963.

[11] 桂诗春 . 新编心理语言学 [M]. 上海：上海外语教育出版社，2000.

[12] 何广铿 . 英语教学法教程：理论与实践 [M]. 广州：暨南大学出版社，2011.

[13] 何少庆 . 英语教学策略理论与实践运用 [M]. 杭州：浙江

大学出版社,2010.

[14] 何自然,冉永平．新编语用学概论 [M]. 北京：北京大学出版社,2009.

[15] 何自然．语用学与英语学习 [M]. 上海：上海外语教育出版社,1997.

[16] 胡壮麟,朱永生,张德禄,李战子．系统功能语言学概论(修订本)[M]. 北京：北京大学出版社,2008.

[17] 胡壮麟．语言学教程(第 3 版)[M]. 北京：北京大学出版社,2007.

[18] 黄国文,辛志英．系统功能语言学研究现状和发展趋势 [M]. 北京：外语教学与研究出版社,2012.

[19] 贾冠杰．英语教学基础理论 [M]. 上海：上海外语教育出版社,2010.

[20] 姜望琪．当代语用学 [M]. 北京：北京大学出版社,2003.

[21] 教育部高等教育司．大学英语课程教学要求 [M]. 上海：外语教学与研究出版社,2007.

[22] 康莉．跨文化视角下的大学英语教学：困境与突破 [M]. 北京：中国社会科学出版社,2014.

[23] 蓝纯．语言学概论 [M]. 北京：外语教学与研究出版社,2009.

[24] 李冰梅．英语词汇学习教程 [M]. 北京：北京大学出版社,2005.

[25] 李福印．认知语言学概论 [M]. 北京：北京大学出版社,2008.

[26] 李捷,何自然,霍永寿．语用学十二讲 [M]. 上海：华东师范大学出版社,2010.

[27] 李占喜．语用翻译探索 [M]. 广州：暨南大学出版社,2014.

[28] 廖美珍．语言学教程(修订版)精读精解 [M]. 成都：西南交通大学出版社,2009.

[29] 林新事 . 英语课程与教学研究 [M]. 杭州：浙江大学出版社，2008.

[30] 刘宝俊 . 社会语言学 [M]. 北京：科学出版社，2016.

[31] 刘颖 . 计算语言学 [M]. 北京：清华大学出版社，2014.

[32] 鲁子问 . 英语教学论（第 2 版）[M]. 上海：华东师范大学出版社，2009.

[33] 陆国强 . 现代英语词汇学：新版 [M]. 上海：上海外语教育出版社，1999.

[34] 牟杨 . 新编简明英语语言学教程学习指南 [M]. 成都：西南交通大学出版社，2009.

[35] 彭聃龄 . 语言心理学 [M]. 北京：北京师范大学出版社，1991.

[36] 钱冠连 . 汉语文化语用学 [M]. 北京：清华大学出版社，2002.

[37] 冉永平 . 语用学：现象与分析 [M]. 北京：北京大学出版社，2006.

[38] 束定芳，庄智象 . 现代外语教学：理论、实践与方法 [M]. 上海：上海外语教育出版社，2008.

[39] 田运 . 思维词典 [M]. 杭州 :浙江教育出版社，1996.

[40] 汪榕培，卢晓娟 . 英语词汇学教程 [M]. 上海：上海外语教育出版社，1997.

[41] 汪榕培，王之江 . 英语词汇学 [M]. 上海：上海外语教育出版社，2008.

[42] 王策三 . 教学论稿 [M]. 北京：人民教育出版社，1985.

[43] 王德春 . 普通语言学 [M]. 上海：上海外语教育出版社，2011.

[44] 王德春等 . 神经语言学 [M]. 上海：上海外语教育出版社，2001.

[45] 王改燕 . 第二语言阅读中词汇附带习得研究 [M]. 北京 ：北京大学出版社，2013.

[46] 汪蓉培，王之江．英语词汇学 [M]. 上海：上海外语教育出版社，2008.

[47] 王希杰．语言是什么？ [M]. 上海：上海教育出版社，1983.

[48] 文秋芳．认知语言学与二语教学 [M]. 北京：外语教学与研究出版社，2013.

[49] 夏章洪．英语词汇学：基础知识及学习与指导 [M]. 杭州：浙江大学出版社，2011.

[50] 夏中华等．应用语言学范畴与现况（下册）[M]. 上海：学林出版社，2012.

[51] 熊学亮．简明语用学教程 [M]. 上海：复旦大学出版社，2008.

[52] 徐通锵．语言论——语义型语言的结构原理和研究方法 [M]. 长春：东北师范大学出版社，1997.

[53] 严辰松，高航．语用学 [M]. 上海：上海外语教育出版社，2005.

[54] 严明．大学英语翻译教学理论与实践 [M]. 长春：吉林出版集团有限公司，2009.

[55] 严明．大学英语自主学习能力培养教程 [M]. 哈尔滨：黑龙江大学出版社，2007.

[56] 姚小平．如何学习研究语言学 [M]. 北京：北京大学出版社，2013.

[57] 叶蜚声，徐通锵．语言学纲要（修订版）[M]. 北京：北京大学出版社，2010.

[58] 余东明．什么是语用学 [M]. 上海：上海外语教育出版社，2011.

[59] 张德禄，苗兴伟，李学宁．功能语言学与外语教学 [M]. 北京：外语教学与研究出版社，2005.

[60] 赵艳芳．认知语言学概论 [M]. 上海：上海外语教育出版社，2001.

[61] 赵元任 . 语言问题 [M]. 台北：台湾商务印书馆，1968.

[62] 郑诗鼎 . 语境与文学翻译 [M]. 重庆：西南师范大学出版社，1997.

[63] 朱曼殊 . 心理语言学 [M]. 上海：华东师范大学出版社，1990.

[64] 朱永生，严世清 . 系统功能语言学多维思考 [M]. 上海：上海外语教育出版社，2001.

[65] 胡家秀 . 原型理论：来自中国古代经典《尔雅》的验证 [D]. 北京：北京航空航天大学，2006.

[66] 黄玲琼 . 系统功能语言学视角下非英语专业大学生英语阅读现状及对策研究——以喀什大学为例 [D]. 喀什：喀什大学，2017.

[67] 邵艳红 . 系统功能语言学视域下的中小学英语交际教学重建 [D]. 杭州：浙江大学，2017.

[68] 吴峰 . 系统功能语言学理论在高中英语阅读教学中的运用 [D]. 长春：东北师范大学，2011.

[69] 许朝阳 . 系统功能语言学框架下的大学英语阅读教学研究 [D]. 保定：河北大学，2010.

[70] 曾宪才 . 语义、语用与翻译 [J]. 现代外语，1993，(1).

[71] 陈婧，胡登攀 . 系统功能语言学视角下大学英语写作教学探究 [J]. 四川理工学院学报，2011，(5).

[72] 陈晓华 . 语义学与英语教学实践 [J]. 淮阴师专学报，1994，(2).

[73] 陈治安，文旭 . 关于英汉对比语用学的几点思考 [J]. 外语与外语教学，1999，(11).

[74] 程玮欣 . 英语构词法浅析 [J]. 安徽文学(下月刊)，2015，(5).

[75] 戴炜栋 . 外语教学的“费时低效”现象——思考与对策 [J]. 外语与外语教学，2001，(7).

[76] 范能维 . 英语构词法中的转化法 [J]. 牡丹江教育学院学

报，2009，(5).

[77] 高文捷，白雪 . 英语语言学的理论体系与构建探讨 [J]. 亚太教育，2016，(35).

[78] 桂花，杨征权 . 微课程教学法在高职英语语法教学中的运用 [J]. 高教学刊，2016，(7).

[79] 胡红云 . 英语缩略词解读 [J]. 哈尔滨学院学报，2011，(11).

[80] 黄芳 . 象似性理论及其在大学英语词汇教学中的应用 [J]. 外语教学，2007，(22).

[81] 雷丽玉 . 系统功能语言学在大学英语中的应用 [J]. 语文学刊 · 外语教学教育，2013，(3).

[82] 理群 . 语言人类学研究的主要问题 [J]. 语言与翻译，1991，(3).

[83] 林书武 . 语言人类学：基本研究课题 [J]. 外语与外语教学，2000，(1).

[84] 卢春媚 . 浅谈英语构词法 [J]. 广州大学学报，2002，(3).

[85] 陆国强 . 现代英语中的复合动词 [J]. 外国语，1978，(3).

[86] 吕叔湘 . 南北朝人民与佛教 [J]. 中国语文，1998，(4).

[87] 那剑 . 认知语言学在英语阅读理解中的应用研究 [J]. 西南农业大学出版社，2012，(11).

[88] 牛毓梅 . 功能语言学与外语教学评述 [J]. 外国语言文学，2006，(4).

[89] 彭慧 . 社交指示语的汉英翻译 [J]. 湖南人文科技学院学报，2007，(6).

[90] 邱桂萍 . 英语复合动词 [J]. 濮阳教育学院学报，2000，(3).

[91] 冉永平 . 词汇语用学及语用充实 [J]. 外语教学与研究，2005，(5).

[92] 施春宏 . 语言学理论体系中的假设与假说 [J]. 语言研究集刊，2015，(1).

[93] 史灿方 . 论语言人类学的学科界定和研究范围 [J]. 重庆教育学院学报，2005，（1）.

[94] 田凌云 . 构建以系统功能语言学理论为基础的大学英语阅读教学模式 [J]. 当代教育论坛，2011，（24）.

[95] 王茹 . 功能语言学与英语教学——评《功能语言学理论下的英语教学研究》[J]. 高教发展与评估，2016，（5）.

[96] 王永聘 . 复合形容词的构成方式 [J]. 三峡大学学报，1994，（1）.

[97] 王珍 . 系统功能语言学对外语教学的启示 [J]. 南宁师范高等专科学校学报，2007，（3）.

[98] 王宗炎 . 介绍赵元任《译文忠实性面面观》[J]. 中国翻译，1982，（3）.

[99] 肖庚生，徐锦芬，张再红 . 大学生社会支持感、班级归属感与英语自主学习能力的关系研究 [J]. 外语界，2011，（4）.

[100] 肖君 . 英语词汇教学中文化差异现象浅析 [J]. 四川教育学院学报，2007，（5）.

[101] 肖楠，肖文科 . 英语首字母缩略词的构词特点 [J]. 北京林业大学学报，2008，（3）.

[102] 徐俊林，白臻贤 . 语义学与英语教学 [J]. 发明与创新，2003，（6）.

[103] 张辉，王少琳 . 认知语义学述评 [J]. 解放军外国语学院学报，1999，（4）.

[104] 张科平，陈桂斌 . 英语语法教学方法新思维 [J]. 广东医学院学报，2008，（3）.

[105] 赵云 . 英汉缩略词的基本构词法 [J]. 和田师范专科学校学报，2009，（4）.

[106] 钟海英 . 文学翻译策略的语用理据 [J]. 广东技术师范学院学报，2007，（11）.

[107]Bell，R. T. *Translation and Translating*: *Theory and Practice*[M]. Beijing: Foreign Language Teaching and Research

Press, 2001.

[108]Firth, J. R. *Papers in Linguistics 1934—1951*[M]. London: Oxford University, 1957.

[109]Gutt, Ernst-August. *Translation and Relevance: Cognitive and Context*[M]. Shanghai: Shanghai Foreign Language Education Press, 2004.

[110]Lyons, J. *Semantics*[M]. Cambridge: Cambridge University Press, 1977.

[111]Rosch, Eleanor and Caroline Mervis.Family resemblances: Studies in the internal structure of categories[J]. *Cognitive Psychology*, 1975, (7).

[112]Taylor, john. *Linguistis Categorization: Prototypes in Linguistic Theory*[M]. Beingjing: Foreign Language Theaching and Research Press, 2003.

[113]Ungerer, Fridrich and Hans-jöry Sehmid. *An Introduction to Cognitive Linguistics*[M]. Beijing: Beijing Foreign Language Teaching and Reseach Press, 2001.

[114]Wilkins, David A. *Linguistics in Language Teaching*[M]. Cambridge: MIT Press, 1972.

[115]Wittgenstein, Ludwig. *Philosophical Investigations*[M]. Oxford: Blackwell Education Press, 1953.